Elisabeth Horn

Das große Karussell

Eine große Liebe

Elisabeth Horn

Das große Karussell

Eine große Liebe

Impressum

Rechteinhaber: Elisabeth Horn

Umschlaggestaltung und Motiv: Elisabeth Horn

Lektorat: Klaus-Dietrich Petersen

©2018
Herstellung und Verlag: BoD – Books on Demand, Norderstedt.
ISBN 978-3-7481-5311-5

Bibliografische Information der Deutschen Nationalbibliothek: Die Deutsche Nationalbibliothek verzeichnet diese Publikation in der Deutschen Nationalbibliografie; detaillierte bibliografische Daten sind im Internet über http://dnb. d-nb.de abrufbar.

Inhaltsverzeichnis

Erster Teil

Es war richtig so

Schon wieder ein Buch in der Hand, aber ich habe es schon einmal gelesen. Jetzt schreibe ich mein Leben auf, bevor ich das, was ich erlebt und gelebt habe, vergesse. Wenn ich dann alt werden sollte, kann ich es noch einmal leben.

Ich bin nicht berühmt oder reich, und in der Politik war ich auch nie tätig. Trotzdem kann ich sagen: „Wem Gott will rechte Gunst erweisen, den schickt er in die weite Welt."

Damit meine ich nicht. daß ich viele Länder gesehen habe, aber bis zu meinem 34. Lebensjahr war ich nie länger als ein Jahr am gleichen Ort.

Meine Eltern: Meine Mutter, 1911 geboren, stammte aus einer sehr armen, kinderreichen Familie. Ihr Vater fiel im ersten Weltkrieg und hinterließ eine Witwe mit sieben Kindern. Ihr Stiefvater brachte weitere sechs Kinder mit, und dann kamen noch mal vier Kinder dazu. Mit zehn Jahren wurden die größeren Kinder zu fremden Leuten zum Geldverdienen geschickt. Dann hatten sie Essen frei, und es gab wieder rein wenig mehr Platz im Haus, denn es war ein sehr kleines Haus für eine so große Familie. Es gab auch nur wenige Stühle, die Kinder mussten beim Essen stehen und geschlafen wurde auf dem Dachboden auf Stroh.

Meine Mutter als Kindermädchen: Der Tag begann um fünf Uhr mit allen möglichen Hausarbeiten: Holz holen, Öfen ausräumen, Feuer anzünden, Schuhe putzen für alle. Sie durfte aber und musste die Schule besuchen. Wenn die Schulglocke läutete, musste sie oft noch dies und das machen und kam regelmäßig zu spät zum Unterricht. Am Monatsende stand dann immer pünktlich der Stiefvater bei den Leuten vor der Tür und holte den Lohn ab. Das meiste trug er ins Wirtshaus. Meine Mutter hat sich trotzdem nie direkt beklagt. Jeder musste eben, so gut er konnte, zum Lebensunterhalt beitragen. Nur die Schule war anstrengend: Zu wenig Zeit, um Hausaufgaben zu machen, und oft musste sie mit dem Schlaf kämpfen und ist auch mal während des

Unterrichts eingenickt. Dennoch blieb sie ein fröhliches Kind, sang gern und wurde ausreichend ernährt, auch wenn es bei den Herrschaften anderes Essen gab. Sie war kräftig und gesund.

Als die Schule zu Ende war, ging es als Magd zum Bauern. Da musste man sich dann auch noch der Knechte und des Bauern erwehren. Manch ein junges Mädchen wurde schwanger und wurde dann mit Schimpf und Schande vorn Hof gejagt. Oftmals waren die Mädchen auch einfach zu jung, dumm und unerfahren. Meine Mutter hat von sich nie etwas Derartiges erzählt, so dass ich nicht weiß, was sie selbst erlebt hat. Aber ich glaube, sie hat sich, wenn es zu schlimm wurde, einfach einen anderen Hof gesucht.

Meinem Vater, der 1908 geboren wurde, ging es kaum besser. Mein Großvater, ein Facharbeiter, hat sich trotz seiner sieben Kinder scheiden lassen, und ein Teil der Kinder, darunter auch mein Vater, kam ins Waisenhaus. Bald darauf hat mein Großvater wieder geheiratet, eine Frau mit drei Kindern, ein gemeinsamer Sohn kam noch hinzu. Irgendwann wohnte mein Vater dann wieder zu Hause. Er hat sich weder mit seinem Vater noch mit der Stiefmutter vertragen.

Als Kind hat mein Vater den Hunger kennengelernt. Meistens ging's mit hungrigem Magen zur Schule. Wenn dann der Lehrer sein Frühstücksbrot, schön ordentlich in Pergament verpackt, auf sein Pult legte, konnten seine Augen nur immer auf des Lehrers Frühstück blicken, seine Ohren hörten nicht, was der Lehrer sagte, und die Gedanken waren nicht bei der Sache. Mein Vater hat diese Folter sein Leben lang nicht vergessen können. Da er katholisch war, ging er zur Erstkommunion, aber von der Firmung wurde er dann ausgeschlossen, weil er keine passende Kleidung hatte. Über solche Erlebnisse, deren es sicher noch viele gab, machte er sich als Kind Gedanken. Ungerechtigkeit konnte er sein ganzes Leben hindurch schwer ertragen und nie vergessen. Aber auch er wurde erwachsen und landete beim Bauern als Knecht. Die Arbeit machte ihn wohl kräftig, aber er war nicht groß, und wenn er zum Tanzen gehen wollte, ließ man ihn nicht hinein, weil man nicht glauben wollte, dass er schon 21 Jahre alt war. Damit war dann auch das Thema Tanzen für ihn erledigt.

Eines Tages: Meine Mutter im Kuhstall beim Melken. Zu der Zeit mussten die Kühe mit der Hand gemolken werden. Wer erinnert sich heute noch daran? Man hatte einen Melkschemel, das war ein kurzes Brett mit einem Bein in der Mitte. Man musste auch immer ein Kopftuch tragen, weil man den Kopf beim Melken an der Kuh abstützte. Den Eimer klemmte man zwischen die Knie, und dann musste man ganz schön arbeiten. Ich weiß es genau, weil ich später die Kühe auch noch auf diese Art gemolken habe. Ja, und bei so einer Melkerei hat meine Mutter meinen Vater zum ersten Mal gesehen. Er ging mit einem Freund durch den Stall. Meine Mutter wäre fast vom Schemel gefallen. So einen hübschen jungen Mann hatte sie überhaupt noch nie gesehen. Als er zur Stalltür hinausging, stellte sie schnell ihren Melkeimer an den Rand, sauste zur Tür und sah ihm nach, bis er um eine Biegung verschwunden war. Ihr ganzes beben hat sie diese Begegnung nicht vergessen: sein Aussehen, die großen dunkelbraunen Augen, das rabenschwarze Haar, seine fast zierliche Figur, sein Gang, seine ruhige Stimme. Er war auch gut angezogen, denn es war sein freier Tag. Meine Mutter dagegen Trug einen Melkkittel, nein, sie war gewiss kein so sauberer Anblick. Und gut gerochen hat sie auch nicht. Sie war sich auch nicht sicher, ob er sie überhaupt gesehen hatte.

Aber wie auch immer: Meine Mutter fand bald heraus, wo mein Vater anzutreffen war. Wenn junge Leute sich abends im Dorf unter einer großen Eiche trafen, kam sie wie zufällig vorbei, und er wurde auf sie aufmerksam. Meistens ging sie abends nicht noch mal fort, aber jetzt musste sie einfach jede Gelegenheit wahrnehmen, um diesen jungen Mann zu sehen. Man kam ins Gespräch, lernte sich kennen, und meinem Vater gefiel die junge Frau mit ihren blauen, blitzenden Augen, ihre Natürlichkeit, ihre Gesundheit, ihre praktischen Ansichten und auch vor allem ihre Fröhlichkeit. Er hatte bisher Frauen kennengelernt, die wollten Damen sein und rauchten Zigaretten. Meine Mutter war ganz so, wie er sich eine Partnerin vorstellen konnte. Diese zwei Menschen habe ich mir als Eltern ausgesucht.

Sie suchten sich eine gemeinsame Wohnung. Nun musste man heiraten. Erstens war meine Mutter schwanger, zweitens durfte man nicht unverheiratet zusammen wohnen. Außerdem war mein Vater froh, nicht mehr bei seiner Stiefmutter leben zu müssen. Als er an einem Freitag nach Feierabend seine Habseligkeiten packte und sich verabschiedete, sagte seine Stiefmutter: „Ach, Paul, ich habe für diese Woche noch mit deinem Wochenlohn gerechnet" worauf mein Vater zur Antwort gab: „Wovon soll Emmi denn leben?" Es waren seine letzten Worte in seinem Elternhaus.

Meine Eltern hatten sich gefunden, hatten eine bescheidene Wohnung, arbeiteten beide, sparten ihr Geld und freuten sich auf ihr Kind. Ich war ein Kind der Liebe, und ich glaube, ich freute mich auf das Leben. Eines Tages, als meine Mutter beim Kaufmann einkaufen wollte, sagte man ihr, sie solle doch erst ihre Schulden bezahlen. Da hatte doch ihre Stief-Schwiegermutter auf ihren Namen anschreiben lassen! Daraufhin hat mein Vater sich eine andere Arbeitsstelle gesucht und eine Wohnung in einem anderen Ort. Das war mein erster Ortswechsel.

Als ich eineinhalb Jahre alt war, kam Uwe zu uns. Er war vier Wochen alt und das uneheliche Kind einer Schwester meiner Mutter. Diese war in großer Not und wusste nicht aus noch ein. Meine Eltern zögerten nicht - nach dem Motto: Wo ein Kind ist, können auch zwei sein. Doch mein Vater taugte nicht als Knecht. Auch eine andere Arbeit, die er sich suchte, sagte ihm nicht zu. So bewarb er sich schließlich bei einer Reederei. Wir zogen in die Nähe von Hamburg, er machte eine Ausbildung und durfte schon bald einen Lastkahn führen. Auf dem Schiff durfte auch seine Frau mit den Kindern wohnen. Es war alles sehr eng, aber meine Eltern waren überglücklich. Ich war zweieinhalb und Uwe ein Jahr alt, als unser Harald geboren wurde. Er wurde in eine Apfelsinenkiste gelegt. Als wir in einem Hafen lagen, kamen Leute aufs Schiff und wollten „den jüngsten Seemann" sehen. Auch dieses Kind hatte keine braunen Augen, die sich meine Mutter so gewünscht hatte.

Es ist mir heute ein Rätsel, wie meine Eltern mit drei so kleinen Kindern auf dem Schiff leben konnten. Die Kajüte war eng, da wurde gekocht; geschlafen wurde in eingebauten Kojen. Einmal stand ich neben meiner Mutter am Herd, als das Fett in der Pfanne Feuer fing. Sie schrie vor Schreck laut auf, und im Nu hatte sie einen Deckel auf der Pfanne, das Feuer war erstickt. Seit der Zeit weiß ich, dass man Feuer ersticken kann.

Eines Morgens, ich war gerade mal angezogen aber noch verschlafen, zeigte mein Vater mich einem Kollegen. Der hatte einen Kohlenfrachter. Alles war schwarz, die Stufen zum Führerhaus waren so hoch, ich hatte Angst und weinte, als mein Vater mich auf eine der Stufen stellte zum Fotografieren. Als ich später das Foto sah, sah ich mich lachen - tränenverschmiert und ungekämmt, wie ich war.

Ein anderes Mal lagen wir im Hafen und wollten an Land. Neben uns lag ein großes, hohes Schiff. Da hing eine Strickleiter herunter. Mein Vater stieg, mich auf dem Arm haltend, diese lose, schrecklich wacklige Strickleiter hinauf. Seitdem weiß ich auch, was Angst ist!

Auch diese für meine Eltern so glückliche Zeit ging zu Ende. Meinem Vater wurden andere Aufgaben zugeteilt. Es hing wohl mit dem Kriegsausbruch zusammen. Meine Mutter mit uns drei Kindern fand eine Wohnung in Hamburg. Sonntags ging ich zur Sonntagsschule in die St. Michaeliskirche. Wir spielten beim Bismarckdenkmal, manchmal trieben wir uns auch im Hafen herum.

Mit sechs Jahren kam ich in die Schule. Wir hatten eine ziemlich alte Lehrerin, Fräulein Andersen. Ein Mädchen wurde ab und zu mit der Polizei in die Schule gebracht. Sie war dreckig und ungekämmt und sah einfach verwahrlost aus. In den Straßen sah man viele Leute mit dem gelben Judenstern auf der Kleidung. Ich wusste aber nicht, was es damit auf sich hatte. Damals nicht.

In den Nächten gab es häufig Fliegeralarm. Wir mussten unsere Kleider ganz ordentlich auf ein Bündel legen, so dass wir uns im Dunkeln schnell anziehen konnten. Mein jüngster Bruder Harald konnte immer gar nicht wach werden, und meine Mutter hatte Mühe, ihn anzuziehen. Dann musste man ganz schnell in den Keller, wo man mit den anderen Leuten aus dem Haus auf Entwarnung wartete. Da wir so nah beim „Michel" wohnten und die Bomber sich an dieser Kirche orientierten, kriegte unsere nähere Umgebung immer die ersten Bomben ab.

Uwe und ich sollten zur Kinderlandverschickung. Leider aber mit ganz verschiedenen Transporten und Zielorten. Ich kam nach Bamberg zu einer Frau mit einer zwölfjährigen Tochter. Ich war sechs Jahre alt. Das Mädchen hieß Gretchen und war katholisch, die Mutter dagegen evangelisch. Vor und nach dem Essen wurde gebetet. Ich schlief mit Gretchen in einem Zimmer, im Zimmer standen zwei Betten, jeder hatte sein Nachtschränkchen, und am Fußende stand ein großer weißer Schrank. Wir bekamen ab und zu auch Süßigkeiten und gingen sehr sparsam damit um. Jeder hatte an einer der Schrankecken einen

Schuhkarton, in dem wir unsere Schätze aufbewahrten.

Eines Morgens waren beide Kartons leer, nur in meiner Nachttischlade war ein kleiner Rest. Ich weiß bis heute nicht, wer mir diesen Streich gespielt hatte. Es wohnte im Nachbarhaus noch eine Frau mit zwei gro-ßen Buben, aber... „nichts Genaues weiß man nicht". Auf jeden Fall glaubten die Frau und das Mädchen, ich hätte in der Nacht die Sachen gegessen, und zwar sowohl meine als auch Gretchens. Da ich es aber nicht war und auch nicht zugeben wollte, habe ich mit dem Ochsenziemer (ein armstarker Stock mit Lederriemen) Schläge bekommen. Sie hielt überhaupt nicht mehr auf. Ich schrie und sagte immer wieder, dass ich es nicht getan habe, aber sie glaubte mir einfach nicht. Irgendwann war ich am Ende und sagte, was sie hören wollte. Obwohl ich am ganzen Körper *grün* und blau war, tat mir meine Seele noch mehr weh. Es hat mich Jahre belastet, etwas zugegeben zu haben, was ich nicht getan hatte.

Als mich mein Vater nach einem knappen Jahr holte, habe ich ihm nichts davon erzählt. Ich weiß auch nicht, ob er von dieser für mich so schrecklichen Sache erfahren hat. Einmal hatte einer von den Buben ein Buch in den Händen, das aus dem Bücherschrank meiner Pflegefamilie stammte. Auf die Frage, woher sie es hätten, sagte er, sie hätten es von mir. Da bekam ich eine kräftige Ohrfeige. Ich hatte aber den beiden nie ein Buch gegeben. Sonst ist mir von diesem Aufenthalt nichts in Erinnerung geblieben.

Zu Hause in Hamburg gab es eine große Überraschung. Meine Mutter hatte einen Sohn geboren. War der klein! Ich war ganz aus dem Häuschen. Er war in einer Nacht auf die Welt gekommen, und in der nächsten Nacht brannte unsere Küche aus. Während meine Mutter mit dem Baby und Harald im Luftschutzkeller war, sah ein Wachmann, wie eine Brandbombe in unser Haus fiel. Sie bohrte sich durchs Dach, durch die Decke ins dritte, dann ins zweite Stockwerk, und bei uns in der Küche entzündete sie sich. Dadurch, dass man den Brand schnell löschen konnte, brannte „nur" die schöne Küche aus. Meine Mutter war verzweifelt. Aber die gute Seite war, dass mein Vater, der im Krieg war, Urlaub bekam. Er konnte seinen jüngsten Sohn wenigstens sehen, und er konnte mich bei dieser Gelegenheit aus Bayern nach Hause holen.

Ich ging wieder in meine Schule, aber meine Klasse hatte sich sehr verkleinert. Unser Baby war ein sehr ruhiges Kind, obwohl es alle Krankheiten, die wir Großen hatten, auch bekam: Windpocken, Masern, Scharlach. Immer wieder waren Kinder im Krankenhaus, dazu auch noch in verschiedenen Krankenhäusern. Eines Morgens ging ich zu meiner Mutter ans Bett, sie hatte den Kleinen, inzwischen elf Monate alt, bei sich. Sie sagte zu mir: „Hol schnell das Fieberthermometer, Herbert ist so heiß." Da er über 40 Fieber hatte, fuhr sie so schnell es ging mit einem Taxi ins Krankenhaus. Er hatte Diphtherie, es wurde noch ein Luftröhrenschnitt gemacht,
aber es half nichts mehr. Als sie zurück war, musste sie uns beide auch ins Krankenhaus bringen. Harald konnte wieder mit nach Hause, aber ich kam in einen Glaskasten wegen der Ansteckungsgefahr. Es durfte auch kein Besuch in diese gläsernen Räume. Man konnte aber durch die Scheiben sehen und zum Beispiel Faxen machen, damit die anderen etwas zu lachen hatten.
Leider war es verboten, aus dem Bett zu steigen. Als mich die Oberschwester zum wiederholten Male dabei erwischte, wie ich neben dem Bett herumhampelte, schickte sie eine Schwester fort, und diese kam mit einem Gurt zurück. Damit wurde ich dann im Bett festgebunden. Am Nachmittag standen meine Eltern vor der Glastür,

da habe ich mich so geschämt und mir die Decke über den Kopf gezogen. Mein Vater hatte ein paar Tage Urlaub bekommen, weil Herbert gestorben war, was ich aber zu diesem Zeitpunkt nicht ahnte. Irgendwann war ich dann wieder zu Hause. Meine Mutter war sehr traurig und auf meine Fragen nach Herbert gab sie ausweichende Antworten. Eines Abends im Bett erzählte mir Harald dann, dass Herbert tot sei. Ich konnte es nicht fassen und lief zu meiner Mutter. Da musste sie es bestätigen, und wir weinten beide. Ich war so traurig und konnte nicht aufhören mit dem Weinen. Mit dem Fliegeralarm wurde es auch immer schlimmer, und man konnte fast keine Nacht mehr durchschlafen.

Ich wurde für den nächsten Transport zur Kinderlandverschickung eingeteilt. Ich war knapp acht Jahre. Meine Mutter brachte mich zum Bahnhof. Ich hatte Zahnschmerzen. Meiner Mutter blutete das Herz. Es war eine lange, schreckliche Fahrt. Da waren Holzbänke, und jedes Zwei-Bänke-Abteil hatte eine Tür. Man konnte auch gar kein bisschen herumlaufen. Es war 22 Uhr, als wir am Zielbahnhof ankamen. Da standen wir, so etwa 30 Kinder, auf
dem Bahnsteig, müde, hungrig, durstig; und meine Zahnschmerzen waren auch noch da, wenn auch nicht mehr so stark. Jedes Kind hatte ein Schild um den Hals mit seinen Personalien. Es waren viele Leute da, die darauf warteten, welches Kind ihnen zugeteilt wurde.
Es dauerte lange, bis die Kinder verteilt waren. Als mein Name aufgerufen wurde, kamen zwei junge Leute auf mich zu, ein 14-jähriges Mädchen und ein 16-jähriger Junge. Dieser nahm meinen Koffer, und das Mädchen nahm mich bei der Hand. Der Bauernhof war eine dreiviertel Stunde Fußmarsch von der Bahnstation entfernt. Eine Verständigung kam trotz aller Bemühungen nicht zustande. Ich konnte einfach ihre Sprache - tiefstes Bayrisch - nicht verstehen.

Es war dunkel, und ich bin beim Laufen halb eingeschlafen. Endlich waren wir am Ziel, und sie führten mich in eine riesengroße Küche. Da war eine große Eckbank, auf der mindestens fünf bis sechs Leute auf jeder Seite Platz hatten. In der Ecke hing ein Kruzifix. Auch der Tisch erschien mir groß. Dann gab's noch einen großen Herd. Aus dem Backofen holte das Mädchen einen Blechteller mit Milchkaffee und legte eine große viereckige Rohrnudel dazu. Ich stand am Tisch vor diesen Köstlichkeiten und ließ mir, was immer es auch war, schmecken. Nie wieder, glaube ich, hat mir etwas so gut geschmeckt. Nur der Blechteller mit der Flüssigkeit machte mir Sorgen. Ich hatte großen Durst. Kurz entschlossen nahm ich den Teller und setzte zum Trinken an. Da stupste mich das Mädchen an - die beiden standen rechts und links neben mir und beobachteten mich - und zeigte auf den Löffel, der neben dem Teller lag. Das empfand ich als eine Riesenzumutung, bei meinem großen Durst den Kaffee mit dem Löffel in mich hineinzutun, Aber er war warm und süß, und dann wollte ich nur noch schlafen.

Am nächsten Morgen, ich war gerade aufgestanden, kam das Mädchen und sagte so etwas wie „runterkommen" aber andererseits auch etwas mit „Betten". Mein Bett fand ich in Ordnung. Das Zimmer teilte ich mit dem Mädchen; es war im oberen Stockwerk. Ich ging also hinunter und fand auch die Küchentür wieder. Ich öffnete die Tür und erstarrte. Da waren viele Leute und alle knieten auf dem Küchenfußboden und beteten laut. Sie hatte mir also gesagt, ich solle hinunterkommen zum Beten. Jetzt wusste ich es. Als das Beten beendet war, setzten sich alle, und ich wurde auch aufgefordert, mich zu setzen. Jeder hatte wieder so einen emaillierten Blechteller vor sich mit halb Kaffee und halb Milch, da brockte man sich Brot. hinein. Auch ich bekam meinen Teller mit Kaffee, und die Bauersfrau schnitt mir von einem Mühlrad großen Brotlaib ein Stück ab, Es war keine Scheibe, wie ich es bisher kannte, sondern es wurde schräg abgeschnitten, so dass die eine Seite von der Mitte her ganz dünn war, die andere dick. Viel gesprochen wurde nicht. Alle hatten schon ihre Früharbeit erledigt. Nur ich durfte wohl bis zum Frühstück schlafen.

Es gab die Bauersfrau und den Bauern, der hatte einen dicken Bauch, dann gab es noch drei Franzosen, die als Kriegsgefangene auf dem Hof als Knechte waren, schließlich die zwei, die mich gestern vom Bahnhof geholt hatten. Es waren die Kinder meiner Pflegefamilie, sie besuchten keine Schule mehr. E s war ein großer Hof, und jeder musste viel arbeiten. Das Mädchen sollte mich am nächsten Tag in die Schule begleiten. Die Schule war auch dort, wo der Bahnhof war, also eine dreiviertel Stunde Fußmarsch, wenn man zügig ging. Wenn man mittags heimlaufen musste, waren es im Nu zwei Stunden.
Heute durfte ich mich umschauen. Das Mädchen zeigte mir das große Anwesen: Stallgebäude und Scheunen, den Hühnerhof, dass Backhaus, den Hofhund und den Brunnen. Danach wurde ich mir selbst überlassen. Es war mir alles sehr, sehr fremd, aber es war auch sehr großartig. Was mir bald klar wurde: Alle hatten viel Arbeit. Die Bauersfrau hatte überhaupt keine Zeit, sich um mich zu kümmern. Sie war aber nie böse, und ich habe sie niemals schimpfen hören.
Am nächsten Tag wurde ich zur Schule gebracht. Die Klassen waren sehr voll, weil viele Kinder aus den Städten aufs Land geschickt wurden. Dementsprechend war auch der Unterricht. Da es Winter war, blieb ich dann auch meistens der Schule fern. Es gab in Haus und Hof so viel zu erleben. Herrlich, sich auf dem Heuboden ins weiche Heu zu kuscheln oder auf den Strohballen zu turnen! Ich durfte auch hier und da mal helfen, den Hühnern Futter streuen oder Eier einsammeln. Doch ich wurde nicht zum Arbeiten oder Helfen angehalten. Aber

immer und überall durfte ich jedem bei der Arbeit zugucken. Ab und zu kam ein Brief von der Schule, und dann wurde ich wohl auch ermahnt, zur Schule zu gehen.

Sonntags ging's in die Kirche. Männer und Frauen saßen streng getrennt. Die Kirche gefiel mir im Inneren sehr gut, der Pfarrer war hübsch gekleidet und seine zwei Messbuben auch. Aber ich konnte keinen Gefallen am Gottesdienst finden. Das meiste, was gesprochen wurde, konnte ich auch nicht verstehen. Das Fronleichnamsfest hat mir sehr gefallen. Es wurde ein festlicher Umzug über die Fluren gemacht, und der Pfarrer segnete die Felder. Es war herrliches Wetter, alles war sehr festlich. Sonst bin ich nicht mehr in die Kirche gegangen.

Gern ging ich zu den Franzosen in ihre Kammer. Da ich schon gut bayrisch sprechen konnte und die Gefangenen es auch bereits gelernt hatten, konnten wir uns ohne Mühe unterhalten. Sie waren immer sehr freundlich zu mir. Oft bekamen sie von ihrem Zuhause Päckchen, und da waren gute Sachen drin. Sie schenkten mir Süßigkeiten, und Sonntags hatten sie auch mal eine freie Stunde. Ich habe später oft daran zurückgedacht.

Als das Wetter wärmer wurde, war ich fast immer draußen. Ich hin aber auch oft in die Schule gegangen. Einmal sollte ich nach der Schule ein Pfund Hefe kaufen und mitbringen. Kein Problem - aber der Heimweg war lang, und es war sehr schönes Wetter. Es gab vieles zu sehen, und ab und zu naschte ich ein bisschen Hefe. Sie schmeckte wirklich gut. Das Pfund Hefe wurde immer weniger, obwohl ich immer nur kleine Bröckchen in den Mund steckte; ich konnte irgendwie gar nicht mehr aufhören. Ob ich noch Hefe übrig hatte, weiß ich heute nicht mehr. Geschimpft wurde nicht. Nur das Mädchen nahm mich zur Seite und fragte, ob ich schon etwas merke. Ich sah sie ratlos an, und sie sagte, dass die Hefe sich ausdehnen würde, wie Hefe das so macht, und ich würde schon sehen. Wie wurde mir da angst und bange! Ich schlich ins Zimmer, wo wir schliefen. Dort stand ein großer Spiegel, und ich stellte mich immer wieder davor. In meiner Fantasie blähte sich mein Bauch auf. Irgendwann wurde ich müde und kroch ins Bett. Ich hatte ein bisschen mit dem Leben abgeschlossen, dachte auch an mein Zuhause und ob sie wohl traurig wären, wenn ich platzen würde. Aber es passierte überhaupt nichts, mir wurde nicht einmal schlecht, und das Leben ging weiter.

Da niemand Zeit hatte und keiner sagte, was ich tun oder nicht tun sollte, war ich mir selbst überlassen. Selten nahm ich an den gemeinsamen Mahlzeiten teil, und wenn ich mittags aus der Schule kam, war es sowieso zu spät. Es stand bestimmt immer Essen für mich in der Backröhre, aber nur selten habe ich das gegessen. Lieber säbelte ich mir von dem großen Laib Brot etwas ab. Brot lag immer auf dem Küchenschrank rechts neben der Tür. Es schmeckte mir, und man konnte es in die Hand nehmen und musste sich nicht erst an den Tisch setzen, Zum Trinken standen Kisten mit roter und grüner Brause zur Verfügung; außerdem gab es jederzeit Äpfel. Ich war gesund und zufrieden und entbehrte nichts.
Gerne lag ich irgendwo im Gras und beobachtete alles, was sich um mich herum bewegte. Ich schaute und horchte. Das war das schönste für mich. Manchmal hörte man Männer, die mit ihren Ochsen auf dem Feld arbeiteten, fluchen. „Kruzitürken" und „Sakrament"- manche konnten ganz lange ununterbrochen fluchen, da musste ich staunen. Nie mehr im Leben habe ich so fluchen hören wie von diesen frommen Leuten.
Dann kam die Hopfenernte. (Es War in der Hallertau.) Es kamen viele junge Leute aus der Stadt zum Helfen. Das war lustig, ich war dabei

und half auch tüchtig mit. Am Feierabend wurden Lieder am Lagerfeuer gesungen, das war sehr stimmungsvoll. Geschlafen wurde in der Scheune auf einer dicken Schicht Stroh.

Läuse! Ich hatte Läuse, damals hatten viele Menschen Läuse. Warum nur? Die Bauersfrau hat mir abends vorm Schlafengehen aus einer Flasche eine Flüssigkeit auf den Kopf geschmiert. Dann wurde der Kopf in Tücher gehüllt, und am Morgen sollten die Läuse dann tot sein. Das war eine sehr unangenehme Sache. Erstens stank das Zeug fürchterlich, und zweitens rasten und kribbelten die
Läuse, dass es nicht zum Aushalten war. In ihrer Todesangst versuchten sie wohl fortzulaufen.
Ein paar Tage später, ich war schon zu Bett gegangen, kam das Mädchen und sagte, ich solle zur Bäuerin in die Küche kommen. Ich sehe sie noch heute in der großen Küche stehen, es war eigentlich schon spät, und sie sah todmüde und erschöpft aus. In der Hand hielt sie die Flasche mit dem Stinkzeug. Ich stand noch in der Tür, sagte „nein", und weg war ich. Was sollte sie machen? Die Frau tat mir sogleich leid, aber ich wollte das nicht noch einmal haben. Mich störten die Läuse überhaupt nicht. Ich hatte blondes dichtes Haar, das zu zwei schönen Zöpfen geflochten war. Da hatten viele Läuse Platz, und sie plagten mich nicht, was ich im Nachhinein selbst nicht so recht verstehen kann. Es wurde nichts mehr unternommen, und ich vergaß es.

Ich lebte froh in den Tag hinein. Meistens hatte ich keine Langeweile und bin selten zur Schule gegangen. Kinder in meinem Alter gab es nicht. Es gab in meiner Umgebung überhaupt keine anderen Kinder. Die Erwachsenen waren ausnahmslos alle nett zu mir, ja, ich fühlte mich geborgen und fast geliebt. Den Bauern sah ich selten, Der hatte noch Ämter und andere Geschäfte. Ich glaube, alle waren froh, dass ich niemandem lästig wurde und unauffällig meiner Wege ging.

Eines Tages hieß es, meine Mutter wolle auf Besuch kommen. Ich freute mich sehr, denn es war ein gutes dreiviertel Jahr, dass ich sie zuletzt gesehen hatte. Erstaunlicherweise wurde für meine Mutter eine Tasse besorgt. Hatte ich wohl Zweifel angemeldet, ob meine Mutter Kaffee aus dem Teller löffeln könnte? Mit meiner Garderobe sah es ein bisschen schlecht aus, da ich keinerlei Wert darauf legte. Die neuen Stiefel, die meine Mutter vor ein paar Monaten geschickt hatte, waren auch nicht mehr viel wert. Die hatte ich mal im Hopfenfeld ausgezogen und vergessen. Bei der Ernte wurden sie wiedergefunden. Da ich sowieso nur barfuß lief oder, wenn es nicht anders ging, altes Schuhwerk trug, brauchte ich sie nicht.

Meine Mutter war da! Ich freute mich, aber sie war nur entsetzt. Sie wusch mich gründlich, auch die Haare. Dann versuchte sie, meine Haare zu kämmen. Das war nicht einfach, es ging eigentlich gar nicht. Hinten am Kopf war das Haar verfilzt; ich bin da einfach nicht gut hingekommen mit dem Kamm und war schon froh, wenn ich meine dicken langen Zöpfe überhaupt flechten konnte. Meine Mutter sagte nur immer wieder: „Du kommst sofort mit nach Hause!" Ihre Sprache erschien mir sehr fremd, sie sprach hochdeutsch. Ich war ratlos und stumm. Dann wurde für mich ein neues Kleid gekauft und noch so einiges. Die Bäuerin war in der Küche. Sie hatte eine große Schüssel mit Teig auf einem Hocker neben dem Herd stehen. Dann nahm sie die Schüssel weg, und ich mit meinem neuen Kleid setzte mich auf den Hocker, der noch verschmiert war. Das ging so schnell, es war nicht zu verhindern.

So anstrengend hatte ich mir den Besuch meiner Mutter nicht vorgestellt. Sie hat sich aber nicht bei der Bäuerin beklagt, jedenfalls habe ich nichts in dieser Richtung mitbekommen. Und meine Mutter ließ mich nicht mehr von ihrer Seite. Es ging dann auch alles ganz schnell, denn meine Mutter hatte Harald bei meiner Tante gelassen (Uwe war noch immer in Bayern) und wollte so schnell wie möglich wieder nach Hause. Was heißt nach Hause? In Hamburg wohnten wir nicht mehr, da hatten wir keine Wohnung mehr. Wir wohnten jetzt bei meiner Tante in Dithmarschen, die vier Töchter hatte, zwei älter und zwei jünger als ich. Mit mir und mit meinen vielen Läusen konnte sie da nicht

hin. Sie brachte mich stattdessen zu ihrer Mutter in die Stadt. Dort gab es eine Entlausungsanstalt. Wenn es eine solche Anstalt gab, hatten wohl noch mehr Leute Läuse. Leider hat man mir meine schönen Zöpfe kurzerhand abgeschnitten. Der Kopf kam, mit Ausnahme des Gesichts, in eine geschlossene Haube mit viel warmem Wind. Da war sicher noch irgendwas Giftiges mit dabei.

Irgendwann war ich dann sauber - im wahrsten Sinne des Wortes - und durfte zu meiner Mutter. Aber ich muss sagen, ich musste mich an so furchtbar vieles gewöhnen. Dazu kam, dass ich überwiegend bayrisch sprach. Hochdeutsch wusste ich auch noch ein bisschen, aber da wo wir jetzt lebten, wurde ausschließlich Plattdeutsch gesprochen. Es war ein reines Bauerndorf, abgesehen von ein paar Hamburgern, die wie wir ausgebombt waren. Nachbarn oder andere Leute, denen ich auf der Straße begegnete, wollten immer mit mir reden oder sagten: „Sprich mal was!" Dann wurde gelacht. Mein Bayrisch, Hochdeutsch und Platt - alles schön gemischt! Für die anderen war das lustig, aber für mich nicht. Ganz schnell versuchte ich nur noch hochdeutsch zu sprechen, so gut es ging. Es war schwer. Ich ging nun regelmäßig in die Schule, in die vierte Klasse. Die erste bis vierte Klasse wurden gleichzeitig unterrichtet. Wir hatten einen wunderbaren Dorfschullehrer, der es verstand, den Unterricht für alle Kinder interessant zu gestalten. Er war gerecht, und alle Kinder waren folgsam.

In dem Bauernhaus, in dem wir bei meiner Tante wohnten, hat meine Mutter dann mit viel Mühe auf dem Dachboden ein Zimmer gebaut, drei mal drei Meter groß. Das Schwierige war, das Material zu besorgen. Einen Maurer und einen Maler zu finden, war dagegen kein Problem. So hatten wir eine Stube für uns. Meine Tante hatte schweren Gelenkrheumatismus und war froh, dass meine Mutter ihr zur Seite stand. Vor allem, wenn für sechs Kinder und zwei Erwachsene die Wäsche gewaschen werden musste, was damals zwei Tage Arbeit war, Da mussten auch wir Kinder mithelfen. Unter einem großen Kessel wurde Feuer gemacht, und dann gab es das berühmte Waschbrett.

Ja, und jeden Eimer Wasser musste man aus dem Soot schöpfen, einem ein mal zwei Meter großen, tiefen Loch im lehmgestampften Boden der großen Tenne. Das darin enthaltene Grundwasser war auch unser Trinkwasser. Obwohl das Haus auf einer Anhöhe lag, hatte es einen hohen Grundwasserspiegel, höchstwahrscheinlich auf Grund einer Wasserader unterm Haus. Die meisten anderen Häuser hatten schon Pumpen, aber mit einem Eimer das Wasser aus dem Soot zu holen war vielleicht weniger mühsam als die Pumperei.

Einmal, es war Heiligabend, krachte es gegen die hintere Küchentür, die direkt nach draußen führte. Als wir die Tür öffneten, lag da eine große Gans. Wir sahen unseren Nachbarn, und er wünschte uns frohe Weihnachten. Für uns alle war es das schönste Weihnachtsgeschenk. Dieser Nachbar hatte zwar einen großen Hof und konnte auch wohl eine Gans entbehren, aber es war überhaupt nicht selbstverständlich. Es waren Geestbauern, da war das Land sandig mit viel Steinen, und sie müssten hart arbeiten für sehr bescheidene Erträge.

Etwas später wurden im Dorf neun Behelfsheime gebaut mit je zwei Stuben und Küche. Wir bekamen auch eins zugeteilt. Ich hatte mich gut eingelebt und mich mit drei Klassenkameradinnen eng angefreundet. Schließlich kam auch Uwe aus Bayern zurück. Er hatte es dort sehr gut getroffen, war länger geblieben und hat sein ganzes Leben die Verbindung aufrechterhalten. Als er den ersten Tag in die Schule ging, stellte unser Lehrer ihn als neuen Schüler, nämlich Uwe N. vor. Ich meldete mich und sagte: „Herr Thedens, das ist nicht richtig, er heißt Uwe L.." Er war ja unter seinem richtigen Namen nach Bayern verschickt worden, ich aber wusste bis dahin nicht, dass Uwe nicht mein leiblicher Bruder war. Aber das vergaß ich ganz schnell wieder. Uwe war und blieb mein Bruder. Erst bei seiner Konfirmation wurde sein richtiger Name wieder genannt, und dabei blieb es dann auch. Unser Verhältnis war immer gut und blieb es.

Eines Tages kam unser Lehrer zu uns und empfahl meiner Mutter, mich doch in die Mittelschule zu schicken, und sie ließ sich überreden. Voraussetzung war allerdings, dass bis dahin ein Fahrrad beschafft werden konnte. Irgendwie schaffte sie es. Ich muss noch erwähnen, dass meine Mutter unermüdlich bei den Bauern arbeitete. Morgens früh ging sie zum Melken, und wir hatten immer gute Milch. Immer wieder kamen Bauern zu uns: „Emmi, wir brauchen dich - Emmi, kannst uns helfen." Emmi kam gar nicht auf die Idee, auf die Ämter zu laufen. Andere Frauen wussten da besser Bescheid. Aber wir hatten immer zu essen, und ein Fahrrad bekam ich dann auch.
Andererseits waren wir Kinder auch viel allein, und ich musste manche Pflichten übernehmen. Einmal war ich schnell von der Schule heimgeeilt, um für meine Brüder zu kochen. Mein jüngster Bruder Harald kam auch schon und hatte sich mit Freunden verabredet. Kriegt er doch einen Wutanfall, weil das Essen noch nicht fertig ist. Nimmt

einen schweren Glasaschenbecher und wirft ihn nach mir, zum Glück daneben! Daraufhin lässt er seine Wut an einem Stuhl aus, der dabei zu Bruch ging. Er versuchte daraufhin, den Stuhl zu reparieren, während ich jetzt das Mittagessen fertigmachen konnte.

Ich war zehn, und die vierte Klasse war zu Ende. Die Mittelschule, das hieß morgens acht Kilometer hin und mittags zurück. Die Sonne schien auch nicht jeden Tag, und der Wind kam meistens von vorn. Dazu kamen die Berge, und der letzte Berg vor der Schule war fürchterlich lang; den musste man schieben. Bis man in der Schule ankam, war man geschafft. (Aber man konnte sich in der Schule wieder ausruhen.)
Es war Krieg! Jungen und Mädchen waren organisiert. Wir wurden politisch geschult, mussten wissen, wann Adolf Hitler geboren war und vieles andere mehr. Auch Handwerkliches wurde gemacht. So wurden aus Bindfaden Einkaufsnetze geknüpft oder aus Haselruten Wäscheklammern geschnitzt. Auch massenhaft Blätter, etwa von Birke, Himbeere, Brombeere, Hasel wurden gesammelt. Die mussten wir dann getrocknet abliefern.
Wenn auf dem Feld Hände gebraucht wurden, mussten wir auch 'ran. Wollte oder konnte einer das nicht, flog er von der Schule. Für mich war es insbesondere schwierig: Ich kam so spät von der Schule, dass alle anderen schon auf dem Feld waren und ich mit meinem Fahrrad hinterher fahren musste. In der Kartoffelernte wurden viele fleißige Hände gebraucht. Wer weiß das noch?! Der Bauer zählte für jedes Kind etwa dreißig Schritte ab. Diesen seinen Abschnitt musste dann ein jedes Kind schnell absammeln. Der Bauer ließ sein Pferd mit der Rode Maschine die Kartoffeln rausschmeißen, jeweils eine Furche. Je mehr er das Pferd antrieb, desto weiter flogen die Kartoffeln. Leider! Manchmal ging es so schnell, dass wir unseren Rücken den ganzen Nachmittag nicht hoch bekamen. Doch meistens wurde ein bisschen

staunte und sagte: „Der muss aber einen guten Platz gefunden haben."
Ja, und er war relativ schnell wieder zurück gewesen und zum Spielen
gegangen. Ich konnte es nicht fassen. Meine Mutter holte wieder ihren
großen Topf zum Saftkochen. Sie schüttete die Kanne um. Leider
waren die schönen Beeren nur obendrauf gelegt, darunter war die
Kanne mit Blättern vollgestopft. Wir waren baff. So eine Idee! In
Zukunft habe ich nicht mehr um die Mithilfe meines Bruders gebeten.

Einmal schickte meine Tante eine Kusine - sie war ein Jahr jünger als
ich - in einen fünf Kilometer entfernten Ort zum Bäcker, um
Cremeschnitten zu holen. Ich sollte sie begleiten. Man brachte verschiedene Zutaten hin und konnte dann das fertige Gebäck abholen.
Es war ein wunderschöner Tag, die Sonne schien warm, und wir waren
gut gelaunt und sind beim Erzählen auch ganz flott gelaufen. Zurück
ging es nicht mehr so flott voran. Wenn einer weiß, wie ganz frische
Cremeschnitten duften und schmecken, der wird zustimmen: Es war
fast unmenschlich, was man uns da zugemutet hatte. Unsere Beine
wurden müde, und wir machten eine Pause. Wir mussten auch ein
kleines Stück von dem Kuchen probieren. Dieser war in Stücke
geschnitten, und wir dachten, es würde nicht auffallen, wenn etwas
fehlte. Wir haben noch viele kleine Pausen gemacht. Es war wie ein
Zwang, wir konnten nicht mehr aufhören. Leider waren die
Cremeschnitten dann auf einmal einfach alle. Ich weiß nicht mehr, was
dann zu Hause passierte, aber wie die Cremeschnitten geschmeckt
haben, das weiß ich noch heute.

Stricken konnte ich gut. Da es aber keine Wolle gab, habe ich aus alten
maschinengestrickten Pullovern Hunderte dünner Fäden gezogen,
zusammengeknüpft und doppelt und dreifach, zum Teil mit anderen
Resten verstrickt. Wo Schafe auf den Weiden waren, habe ich die

Wolle gesammelt. Manchmal bekam meine Mutter auch angesponnene Wolle als Lohn für ihre Arbeit. Eine Flüchtlingsfrau in der Nähe hatte ein Spinnrad und hat uns die Wolle schön fein gesponnen. Was habe ich alles gestrickt! Meine Brüder bekamen Pullover mit Hirschmuster auf der Brust, für mich selbst strickte ich Jacken und Pullover und für alle Strümpfe. Auch sonstige Kleidung musste irgendwie beschafft werden. Vieles wurde geändert oder aus zwei Kleidungsstücken eins gemacht. Wer ein bisschen schneidern konnte, hatte immer viel zu tun.

Am liebsten jedoch hielt ich mich in Wald und Flur auf. In der Nähe unseres Dorfes gab es ein Moor. Dort wurde Torf gestochen, und gegen Entgelt erhielt man ein paar Meter gestochenen Torf. Den musste man nur noch selbst wenden und, wenn er angetrocknet war, zu Türmchen aufsetzen. Wenn es zwischen dieser Arbeit eine Pause gab, legte ich mich, umgeben von Wollgras, auf ein warmes, trockenes Plätzchen und erfreute mich an den Lerchen, die hoch in den Lüften trällerten. Im Moor war es heiß, heißer als auf einer grünen Weide. Alles hatte seinen eigenen Geruch. Im Moor konnte man im Sommer die Trockenheit riechen, beim Kartoffeln ernten hatte der aufgebrochene Boden einen frischen Erdgeruch. Am reifen Roggenfeld konnte man, wenn die Luft die Ähren bewegte, das Stroh riechen, das damals noch meterhoch war.
Ich liebte Feldblumen, besonders die Kornblumen, die es in Fülle gab. Manch einen Wildblumenstrauß brachte ich nach Hause. Manchmal entdeckte ich einen Trupp scheuer Rebhühner. Auch
der Wald hatte es mir angetan. Da roch es wieder ganz anders. Der Schatten hielt das Moos feucht und ließ die Blätter und Nadeln der letzten Jahre vermodern. Im Herbst gab es Pilze, auch Bucheckern habe ich viel gesammelt. Die konnte man gegen Öl eintauschen.

In dieser Zeit hat man mir mein Fahrrad gestohlen. Ein Ehepaar mit einem kleinen Kind war bei uns im Haus einquartiert. Eines Nachts sind diese Leute wieder verschwunden und mein Fahrrad auch. Meine Mutter wandte sich an den Ortspolizisten. Der meinte: „Ja, wenn Sie eine Seite Speck hätten, könnte man etwas tun. So aber nicht." Das fand ich überhaupt nicht in Ordnung. Als dann die Schule nach längerer Pause wieder losgehen sollte, musste ich wieder die Schule im Dorf besuchen, denn ich hatte ja nun kein Fahrrad mehr, um zur Mittelschule zu fahren.

Leider war unser guter Lehrer, weil er in der Partei gewesen war, abgesetzt worden. Der Lehrer, den wir bekamen, war ein Flüchtling und war offensichtlich nicht Parteigenosse gewesen, Der hatte sich das Unterrichten an einer Dorfschule wohl einfach vorgestellt. Meistens war es laut in der Klasse, auch gehauen hat er sich mal mit Schülern. Dazu kam noch, dass viele Flüchtlingskinder dazugekommen waren. Mich konnte er überhaupt nicht leiden, anderen, besonders einem Bauernkind, konnte er gar nicht genug schmeicheln. Da ging er auch ins Elternhaus, um Lebensmittel zu schnorren. Das Schlimmste aber war: Wir lernten nichts. Oft konnten die Großen ihn mit Fragen in Verlegenheit bringen. Wir mussten Schönschreiben üben und ganze Bibelseiten auswendig lernen. Dieser Lehrer, wenn er dann einer war, war mit uns nicht glücklich und wir nicht mit ihm.

Irgendwann wurde unser alter Lehrer Thedens wieder eingestellt. Nun zogen wieder Ordnung, Ruhe und auch Gerechtigkeit ein. Der Unterricht wurde wieder interessant, Himmelskunde faszinierte mich besonders. Herr Thedens war nicht nur kenntnisreich, sondern auch in der Lage, seine Kenntnisse an uns Kinder weiterzugeben. Und das ist zweierlei. Ich habe ein gutes Entlassungszeugnis bekommen: siebenmal „sehr gut" zehnmal „gut" und „Schulbesuch: regelmäßig".

Die Konfirmation: Meine Mutter hatte für mich ein wunderschönes Kleid. Ja, woher? Es kamen immer wieder Leute an die Haustür, um irgendwas gegen Nahrung einzutauschen, Sie kamen aus den Städten, manche sogar aus Hamburg. Wenn sie nichts mehr zum Eintauschen hatten, wurde gebettelt. „Betteln" sagte man damals nicht; es wurde „gehamstert". Keiner in den Städten hatte genug zu essen. Von so jemandem hatte meine Mutter mein Konfirmationskleid. Es war aus weichfließendem Stoff, dunkelblau, bis zum Hals geschlossen, doch vorn gitterartig durchbrochen und mit Tüll unterlegt und passte wie für mich gemacht. Das Kleid war ein Traum. Dazu bekam ich mein erstes Paar Seidenstrümpfe und schwarze Halbschuhe. Letztere passten wohl nicht so ganz dazu, aber ich fühlte mich erwachsen. Es waren auch etliche Verwandte gekommen, und als ich glücklich aus der Kirche kam, war die Stube voll Besuch. Mein Vater, im Kreis der Gäste, rief mir zu, als ich noch in der Tür stand: „Oh, hast du aber dünne Beine?" Das war peinlich, denn ich war nicht stämmig gebaut und hatte wirklich sehr dünne Beine. Also drehte ich mich um, und weg war ich. Ich zog die seidenen Strümpfe wieder aus und suchte mir ein Paar weiße selbstgestrickte Kniestrümpfe. Diese passten besser zu mir und zu den Schuhen, und meine Beine waren nicht mehr so dünn. Dann kam ich zurück und begrüßte die Gäste.

Meine Mutter hatte mit Unterstützung meiner Tante ein gutes Essen gekocht, und das war in dieser Zeit sicher einer der Gründe, die nicht immer bequeme Anreise auf sich zu nehmen. Geschenke gab es keine. Eine Tante versprach, mir eine Garnitur Unterwäsche zu schicken, aber das hat sie wohl wieder vergessen.

Wie sollte es jetzt für mich weitergehen? Ich hätte gern einen Beruf erlernt, doch bei uns im Dorf gab es dafür keine Möglichkeit. In der Stadt wurde ein Kochlehrling gesucht. Manchmal habe ich gedacht, wenn ich mal heirate und dann für einen fremden Mann kochen sollte und das Gericht würde misslingen... eine schlimme Vorstellung! Wenn ich eine Kochlehre machen könnte, wäre das prima. Also machten meine Mutter und ich uns auf, die 12 Kilometer dorthin mit dem Fahrrad zu fahren. Wir hatten inzwischen wieder eins, aber eben nur eins. Es fuhr jeweils einer ein Stück, legte das Fahrrad ab und ging zu Fuß weiter, der andere schnappte sich das Fahrrad, wenn er bei diesem anlangte und überholte den ersten. Und so weiter im Wechsel bis ans Ziel. Das ging immer noch schneller als Laufen.

Es war ein gutrenommiertes Hotelrestaurant in dieser Stadt, und ich dachte mir, wenn ich hier eine Lehrstelle bekäme, könnte ich sehr froh sein. Bei dem zuständigen Herrn brachte meine Mutter unser Anliegen vor, dieser blickte mich verächtlich von oben an und sagte: „Was soll ich mit so einem Kind?" Unter 18 Jahren stelle er keinen Lehrling ein. Wir fuhren und gingen, ein Stück Fahrrad, ein Stück zu Fuß, wieder nach Hause. Guter Rat war teuer. Etwas später wurde ein Hauswirtschaftslehrling gesucht. Vielleicht ist das etwas. Die Entfernung dorthin war allerdings noch etwas größer.

Es war ein relativ neuer, gepflegter Bauernhof. In der Stube bekamen wir Kaffee und Kuchen vorgesetzt, saßen am Tisch und sprachen mit der Bauersfrau. Ich weiß noch, wie die erwachsene Tochter, die uns bediente, mich abschätzend betrachtete. Aber wir wurden uns einig: Ich sollte nur so bald es ging anfangen, sollte, bei freier Unterkunft und Verpflegung, 15 Mark im Monat bekommen und alle vier Wochen einen freien Tag. Die Lehre sollte drei Jahre dauern.

Ich war willig und fügte mich in alles. Um vier Uhr morgens war die Nacht zu Ende. Dann ging es ohne Pause durch bis zum Abend. Bei keiner Arbeit durften wir uns hinsetzen, nur beim Essen. In der Erntezeit mussten wir feste mit anpacken. Heu auf- und abladen war schwere Arbeit, aber es machte auch Spaß, mit den Mannsleuten zu arbeiten. Es gab freundliche Worte, und es wurden auch mal Späße gemacht. Die Getreidegarben mit ihren schweren Ähren mussten mit der Forke vom Wagen geholt und auf den Speicherboden befördert werden, um dann später im Winter gedroschen zu werden. Wenn der Erntewagen leer wieder aufs Feld fuhr und der nächste noch nicht da war, bekamen wir schnell zwischendurch etwas anderes zu tun.

Manchmal fand ich es hart, wie vor allem wir jungen Mädchen behandelt wurden. Ich arbeitete ja eigentlich ganz gern, und wenn diese Lehrzeit kein Honigschlecken war, dann hatte ich das auch nicht erwartet. Ich war nämlich nicht verwöhnt. Im Winter hatten wir vielleicht ein bisschen früher Feierabend als im Sommer, durften abends in der Stube Handarbeiten machen oder unsere Kleidung und Strümpfe ausbessern, aber wir saßen nur auf unbequemen Stühlen.

Ich spreche von „wir", weil eigentlich zwei Lehrmädchen vorgesehen waren, nur, die meisten hielten es nicht lange aus und hauten nach kurzer Zeit wieder ab. Es war auch üblich, dass Söhne und Töchter von anderen Höfen auf einem Lehrhof hineinschnupperten. Eine Bauerntochter wurde von ihrem Bruder gebracht. Sie kamen mit Pferd und Wagen und sehr viel Gepäck. Drei Wochen später durfte er wiederkommen und alles wieder mitnehmen. Das Mädchen war sehr nett gewesen, aber leider war ich nun wieder allein. Das bedeutete für mich doppelte Arbeit. Am längsten blieb ein Mädchen, das ich schon aus unserem Dorf kannte. Sie war zwei Jahre älter als ich und ging gern abends fort – sie missachtete ein Verbot.

Wir schliefen gemeinsam im ersten Stock, so dass man nicht durchs Fenster herein und hinaus konnte. Eines Abends, sie hatte wieder eine Verabredung, machte sie mir den Vorschlag, ich möge mir einen Bindfaden an den Fuß binden und das Ende aus dem Fenster hängen lassen. Sie wollte dann daran ziehen, um mich zu wecken, damit ich ihr öffnen könnte. Sie zog am Bindfaden, aber ich wachte nicht auf. Schließlich muss ich wohl unbewusst eine Bewegung gemacht haben, durch die der Bindfaden nun für sie in unerreichbarer Höhe hing. Sie hat dann bei den Männern geklopft, die sie durchs Fenster hereingelassen haben. Am anderen Tag war sie mir böse. Sie tat mir zwar leid, aber ich hatte ja im Schlaf gar nichts bemerkt und wusste von nichts.

Wenn wir Mädchen zu zweit waren, hatten wir umschichtig eine Woche Küchendienst und eine Woche waren wir im Stall, im Garten oder auf dem Feld. War ich dagegen allein, habe ich keine Küche gesehen außer zum Abwaschen. Eigentlich sollte es eine Hauswirtschaftslehre sein. Zur Berufsschule bin ich ein einziges Mal gegangen. Man konnte mich nicht entbehren. Mein freier Sonntag sah so aus: Morgens mussten ja erst die Kühe gemolken werden, es waren viele, und es gab noch keine Melkmaschine. Anschließend stellte man die 20Liter-Flaschen an die Straße, wo ein Fuhrwerk sie abholte und zur Meierei brachte. Nachdem ich die zurückgekommenen Leerflaschen gewaschen hatte, durfte ich mit einem geliehenen Fahrrad nach Hause fahren. Immer, wenn ich dort ankam, wollte ich eigentlich nur schlafen. Nach ein paar Stunden Schlaf weckte man mich, denn zum Melken musste ich ja wieder zur Stelle sein.

Die ungute Stimmung ging hauptsächlich von Telse, der 29-jährigen Tochter des Hauses aus. Sie hasste uns, warum auch immer. Bei jeder sich bietenden Gelegenheit war sie unfreundlich, ja gehässig. Ich habe versucht, ihr dazu so wenig Gelegenheit wie möglich zu geben und kam dadurch einigermaßen mit ihr zurecht. Eines Tages war ich dabei, während die anderen eine Mittagspause machten, die Küche zu putzen und, weil ich mal wieder allein war, half Telse. Ich schrubbte den Herd mit einem Ziegelstein, sie wischte den Boden auf. Da fuhr sie mich an: „Gah mol wech med diene Plattfeut!" Als dann die Bauersfrau wieder dabei war, habe ich um einen halben Tag Urlaub gebeten. Wieso das denn?! Ja, Telse hat gesagt, ich hätte Plattfüße, ich möchte zum Arzt, um mir Einlagen anfertigen zu lassen. Zähneknirschend hat sie mir den Urlaub genehmigt.

Beim Frühstück am langen Tisch saß an dem einen Ende die Bauersfamilie, dort stand Butter. Am anderen Ende gab es statt Butter nur Magerquark. Hier saß das Gesinde. Darunter aber auch ein Bauernsohn eines großen Hofes, er mag schon 19 oder 20 Jahre gewesen sein. Er holte das Butterfass zu uns her. Die Frau meinte, das ginge nicht, wir sollten unseren Quark essen. Er erwiderte: „Die Butter bleibt hier, wir müssen auch den ganzen Tag hart arbeiten," Kein anderer hätte so etwas gewagt; der Knecht war ein armer Flüchtling. Von diesem Tag an gab es auch für den unteren Tisch Butter.

Nicht überall ging es so streng zu. Als man mich einmal auf einen Nachbarhof mitnahm, spürte ich einen großen Unterschied. Alle saßen am Feierabend gemütlich in der Stube, die Stimmung war gelöst, beinahe fröhlich. Deswegen bin ich dann oft mal hinübergegangen. Man merkte, dass der Bauer seine Frau sehr gern hatte. Es gab eine Tochter, die bald heiraten wollte. Einen Kaufmann. Auch einen erwachsenen Sohn gab es, noch unverheiratet. Den fand ich besonders nett. Einmal kam er am Feierabend zu uns herüber, er wollte mit seinem Fahrrad noch weiter zu einem Tagelöhner. Wir standen in einer Gruppe zusammen, und ich setzte mich auf die Fahrradstange. Zum einen suchte ich eine Sitzgelegenheit, hauptsächlich aber wollte ich ihm wohl etwas näher sein. Er wollte weiter und sagte: „Steig ab, oder ich nehme dich mit!" Das ließ ich natürlich drauf ankommen. Also fuhren wir beide los. Es ging durch einen Feldweg, und ich fand das toll. Ich drehte mein Gesicht zu ihm und war glücklich. Da sagte er: „Du sollst mich nicht so angucken, sonst drücke ich dir einen Süßen auf." Ich ließ es wieder drauf ankommen und bekam einen Kuss. Er war verlangend, und ich musste mich wundern, dass wir dabei nicht im Wassergraben gelandet sind. Ich drehte mich dann nicht mehr um, und wir wussten beide nichts mehr zu sagen. Auch auf der Rückfahrt blieben wir beide stumm. Es hatte uns buchstäblich die Sprache verschlagen. Ich ging danach schnell auf mein Zimmer und hatte nun eine heimliche Liebe. Wenn wir uns begegneten oder uns bei ihm zu Hause trafen, ließen wir uns nichts anmerken.

Doch unsere Begegnungen waren selten. Wenn andere Mädchen von Freunden erzählten und mich irgendwohin mitnehmen wollten, hatte ich keinen Bedarf. Von meinem heimlichen Schwarm erzählte ich niemandem. Ich war schon zufrieden, wenn ich ihn aus der Ferne erspähte. Die viele Arbeit oder die unfreundlichen Worte machten mir überhaupt nichts mehr aus. Wer ist je beim Fahrradfahren so geküsst worden wie ich?!

Eines Tages bekam ich heftige Schmerzen im Hals und im Mund, war nicht mehr in der Lage aufzustehen, und man ließ den Arzt kommen. Die Bauersfrau kam mit ihm ins Zimmer, sie sprachen miteinander. Ganz nebenbei schaute er mir in den Mund und sagte: „Ich lass ein paar Zitronen-Lutschtabletten da. Montag kann sie wieder arbeiten." (Es war Freitag.) Zu mir sagte der Arzt kein Wort. Die Bauern waren in jenen Mangeljahren hoch angesehen, und ein Landarzt, ein Lehrer oder dergleichen hatte wohl Grund, sich mit ihnen gut zu stellen.

Am nächsten Tag brachte Telse mir das Essen und meinte: „Wenn du sterben willst, dann sag uns rechtzeitig Bescheid. Dann kriegst du unten dein Bett, und wir brauchen dich nicht runterzutragen, wenn du tot bist." Ich hatte keinerlei Erfahrung mit Erkältungskrankheiten und konnte nicht beurteilen, was mit mir geschah. Es fragte auch niemand, wie es mir ginge.

Am Sonntag gegen abend kam Telse und sagte: „Steh mal ein bisschen auf; morgen ist Waschtag, und da musst du helfen. Bereite den Waschkessel vor, damit man früh gleich Feuer anzünden kann." Ich hatte mir ein altes Betttuch zerrissen und hielt mir die Teile vor den Mund, um damit Blut und Eiter aufzufangen. Ich zog mich an und ging die Treppe hinunter. Die letzten Stufen rutschte ich, obwohl ich versuchte, mich am Geländer festzuhalten. Als ich über den Flur ging, hörte ich Telse in der Küche schimpfen: "Liegt im Bett! Wenn sie krank ist, soll doch die Krankenkasse für sie zahlen. Oder sie soll ins Krankenhaus gehen." Ich fühlte mich so elend und wollte das nicht mehr hören. Also ging ich zu den netten
Nachbarn, wo ich mir ein Fahrrad leihen wollte, um damit nach Hause zu fahren. Sie bemerkten aber, dass ich dazu nicht in der Lage war, und baten einen anderen Nachbarn, der ein Auto hatte, mich nach Hause zu fahren.

Meine Mutter war ganz überrascht und sehr besorgt. Mir lief ständig blutiger Eiter aus dem Mund. Als dann endlich ein Arzt aus dem nächsten größeren Ort kam, war er entsetzt, wie weit die Mundfäule - denn um diese böse und nicht ungefährliche Krankheit handelte es sich - schon den Rachen hinabgestiegen war. Er kam dann zweimal täglich, hat mich behandelt und Mund und Hals regelmäßig ausgepinselt.

Die Krankheit war schließlich überstanden, da entschloss ich mich, meine sogenannte Hauswirtschaftslehre abzubrechen. In unserer Kreisstadt fand ich einen Platz als Hausangestellte. Es war ein großes Stadthaus, der Herr des Hauses hatte einen größeren Holzhandel. Die Leute waren noch jünger, ich denke, so zwischen 35 und 40 Jahren. Sie hatten zwei kleine ganz reizende Buben von 1 3/4 und 3 1/2 Jahren.

Außer mir wurden im Haus noch ein Kindermädchen, eine Waschfrau und eine Zugehfrau für das Grobe beschäftigt. Die Unterbringung für mich war sonderbarerweise sehr dürftig: Eine Garderobe, etwa 1,20 Meter breit und 2,20 Meter lang, die an den Flur angrenzte. Da konnte ich mir eine Unterlage ausrollen; tagsüber war sie zusammengerollt. Das war mein Schlafplatz. Wo ich meine persönlichen Sachen verwahrte - viel hatte ich ja nicht -, das weiß ich nicht mehr.

Doch die Frau war sehr nett, und ich verdiente auch ein bisschen mehr. Die Kinder hatte ich gleich ins Herz geschlossen und sie mich.
Sie waren immer um mich herum, haben mich aber nicht bei meiner Arbeit gestört. Verglichen mit der vorangegangenen Zeit war es ein schönes Leben. Das Kindermädchen wurde nicht mehr gebraucht, bald gab es auch für die Zugehfrau nichts mehr zu tun, und schließlich konnte man auch noch auf die Waschfrau verzichten. Meine Chefin kam aus einem sehr wohlhabenden Haus. In ihrer Wohnung standen wunderschöne Möbel. Ich habe, außer in Schlössern, nie wieder so wertvolle Schränke und Einrichtungsstücke gesehen. Allein das Wohnzimmer war elf Meter lang. Das alles hat mir sehr gefallen.
Es waren auch oft Gäste im Haus. Die durfte ich dann bedienen mit weißer Schürze. Nur schlafen konnte ich in meiner Garderobe dann nicht, weil sie gebraucht wurde. Im Nachbarhaus wohnten die alten Herrschaften, die sich zur Ruhe gesetzt hatten. Manchmal kamen sie und holten sich ihre Enkel zu einer Spazierfahrt. Sie hatten ein schönes großes Auto. Aber die Kleinen hingen so an mir, dass sie mit Oma und Opa nur fahren wollten, wenn auch ich mitkäme. Das war mir fast ein bisschen peinlich, aber doch nur fast. Ich habe diese Ausfahrten durchs Land, durch wunderschöne Alleen genossen. Die Straßen waren leer, es gab nur wenige Autos. Es wurde richtig schön langsam gefahren, so dass man die Landschaft. genießen konnte. So hätte das Leben weiter-

gehen können!

Nach einem Jahr wollte ich fünf Mark mehr verdienen. Ich glaubte, dass meine Arbeit das wert war und dass 30 Mark im Monat für so wohlhabende Leute erschwinglich sein müssten. Da mir das aber unverständlicherweise abgeschlagen wurde - ich konnte es gar nicht glauben -, habe ich kurzfristig gekündigt. Als ich mich verabschiedet hatte, habe ich auf dem Weg zum Bahnhof geweint,
so schwer fiel mir die Trennung von den Kindern. Für sie war der Abschied auch schwer. Doch eine so enge Bindung zu einer Hausangestellten war sicher nicht gut. Die Kinder gehorchten nur mir, wenn überhaupt. Also war es richtig.
Jetzt war ich wieder zu Hause und musste schnell etwas neues suchen. Zur Abwechslung wollte ich mal ganz woanders hin und erkundigte mich auf dem Arbeitsamt nach entsprechenden Möglichkeiten. Eines Abends, als ich mit meinen Eltern zusammensaß, klopfte es, und unser später Besucher war der nette Nachbar von meiner Lehrstelle. Ich war völlig überrascht. Er war mit dem Fahrrad gekommen, denn ein Auto hatte er nicht. Was hatte es nur zu bedeuten? Ja, man habe gehört, dass ich zur Zeit zu Hause sei, und Grete, seine Frau, brauche dringend eine Hilfe. Ob ich vielleicht Lust hätte. Wie das Leben so spielt! Ich sagte gerne zu, nach nur ganz kurzem Überlegen. Würde ich doch meine heimliche Liebe wiedersehen! Meine Eltern waren über meine Zusage sehr erstaunt, zumal ich vorher etliche andere Angebote ausgeschlagen hatte.

Ein paar Tage später meldete ich mich bei meiner neuen Arbeitsstelle, und die Bauersfrau war wirklich sehr froh, mich zu haben. Ab und zu hatte sie es mit der Galle. Dann saß sie mit ihrer Wärmflasche und wartete darauf, dass die Schmerzen wieder vergingen. Wie ich es schon früher beobachtet hatte, war das Betriebsklima sehr angenehm. Abends saß man gemütlich beisammen. Es war Winter. Einmal stand ich mit dem Rücken zum Kachelofen, als plötzlich mein Rock Feuer fing. Da sprang der Bauer vom Sofa auf, sprang fast über den Tisch und löschte das Feuer. Ich weiß nicht mehr, was er so schnell in der Hand hatte, ein Kissen oder eine Decke, womit er dann das Feuer erstickte.

Ich lebte mich schnell in den ganz anderen Tagesrhythmus wieder ein. Nach dem Melken im Stall wurden die Kälber getränkt. Manchmal waren sie noch zu ungeschickt, um aus den Eimern zu trinken. Dann steckte man ihnen einen Finger ins Maul, den sie sofort ansaugten, und wenn dann das Maul mit dem Finger in die Milch getaucht wurde, schluckten sie und lernten so, aus dem flachen Eimer zu trinken. Es waren ja Kuh-Babys!

Wenn ich zwischendurch Zeit hatte, turnte ich gern ein bisschen. Ich musste ja warten, bis die Kälbchen fertig waren. Einmal machte ich quer über den Gang von einer Brüstung zur anderen eine Brücke, rutschte mit der Hand ab und verletzte mich am Kopf. Ich hatte eine offene Wunde, legte ein Taschentuch darauf und band mir mein Kopftuch fest darum. Als ich dann beim Frühstück saß, lief mir leider am Hals das Blut aus dem Kopftuch. Das war mir sehr peinlich. Aber ich verschwieg meine Turnerei und sagte, ich hätte mir den Kopf gestoßen, aber nicht so schlimm. Da wurde noch ein bisschen gelästert, ob ich wohl noch geschlafen hätte. Trotz vieler Arbeit herrschte immer gute Laune bei allen.

Einmal allerdings war es mit der guten Stimmung beinahe vorbei. Es wurden Kohlköpfe vom Erntewagen abgeladen. Ich stand auf dem Wagen und musste einen Kohlkopf nach dem anderen in die Hand nehmen und dem Bauern zuwerfen, der ihn auffing und weiterreichte. Wenn man das so ein paar hundertmal macht, geht es ganz automatisch: Kohl greifen - werfen. Einmal passte ich nicht auf, da hat der Bauer den Kohlkopf nicht in den Händen, sondern an seinem Kopf. Fast wäre er umgefallen und ich vor Schreck auch. Da hat er verständlicherweise mit mir geschimpft. Aber sein Sohn beruhigte ihn und sagte: „Sie hat es doch nicht absichtlich getan." Ich fand es aber auch schlimm, dass mir so etwas passiert war.

Der Sohn war immer noch meine heimliche Liebe. „Kein Feuer, keine Kohle kann brennen so heiß..." Ich war zufrieden, in seiner Nähe zu sein. Mit ihm zu arbeiten oder beim Essen mit ihm am Tisch zu sitzen. Aber zwischen uns knisterte es immer. Zu glauben, dass es so harmlos weitergehen würde! Er war 22 Jahre und ich gerade 18. Jahre Als sich die Gelegenheit bot, riss er mich in seine Arme und küsste mich. Es war kein Feuer mehr, es war ein Vulkan. Er hauchte meinen Namen und gestand mir, dass er es nicht mehr ohne mich aushalten konnte. Was daraus werden sollte, darüber dachte keiner von uns nach. Klar war uns beiden, ohne dass wir darüber sprachen: Unsere Liebe gehörte nur uns. Wir hatten unsere heimlichen Stunden und lebten weiter so wie bisher.

Eines Morgens nach einem guten Frühstück stand ich vom Tisch auf und ging zur Tür, als ein höllischer Schmerz mir in den Leib fuhr. Ich ging in die Knie, der Schmerz ließ nicht nach. Man führte mich in mein Bett. Ich musste erbrechen. Die Bauersfrau kam mit einer Wärmflasche. Nein, ich fühlte, das war nicht gut. Ich war verzweifelt und hätte die Wände hochgehen können. Eine Hausbewohnerin kam, wollte mich beruhigen und sagte, man habe den Arzt gerufen, er werde gleich hier sein. Mir kam ein schrecklicher Gedanke: Sie werden doch nicht den Doktor O. gerufen haben! Denn er war im Allgemeinen der Hausarzt der Bauern in dieser Gegend. Natürlich hatte man ihn gerufen. Der hatte mir gerade noch gefehlt, ich hatte fürchterliche Schmerzen.

Der Doktor war nach kurzer Zeit da, er wollte zur Tür herein. Doch ich schrie ihn wie wahnsinnig an, er solle ja nicht hereinkommen, lieber wollte ich sterben! Ich warf Sachen zur Tür. Keiner kannte mich mehr, ich selbst mich auch nicht. Später hat man mir erzählt, dass er gesagt habe: „Sie lässt mich ja nicht an sich ran." Aber er tippte auf Blinddarm, wenn nicht gar mit einem Durchbruch. (Wenigstens war diesmal seine Diagnose richtig.) Da ich mich weigerte, zu ihm ins Auto zu steigen, musste mich wiederum der Nachbar mit seinem Auto in die Klinik bringen. Ich lehnte es ab, ins Städtische Krankenhaus gebracht zu werden, und so kam ich in eine kleine Privatklinik mit dem klingenden Namen „Schloss am Meer". Dort konnte ich sicher sein, dass ich den Doktor O. nicht zu sehen bekam. Ich wurde sofort operiert, aber der Blinddarm war schon geplatzt, und der Arzt hatte viel Mühe, die ganze Bescherung in Ordnung zu bringen. Ein Eileiter musste auch daran glauben. Als der Arzt mir dann alles erklärte, habe ich ihn erschreckt gefragt, ob ich denn jetzt keine Kinder mehr bekommen könnte. Er beruhigte mich, der andere Eileiter sei ja noch da.

Dieser Arzt war viele Jahre in Afrika gewesen und hatte sich erst vor kurzem diese Klinik eingerichtet. Ich fühlte mich sehr wohl, wurde ich doch als Mensch behandelt. Nach 14 Tagen wurde ich entlassen, und die Frau Doktor brachte mich in ihrem Auto wieder zurück. Es war ihr nicht ganz wohl dabei, weil es doch eine größere Operation war, und ich hatte eine große Narbe. Ich sollte noch ein bisschen vorsichtig sein. Es wurde auch Rücksicht genommen, aber man war jung, und schnell war alles wieder vergessen. Ich war wieder die freundliche, fleißige Hilfe, die ich vorher war. Das Leben war schön. Hatte ich wirklich lieber sterben wollen? War ich so ein nachtragender Mensch? Ja, das war ich. Die Nichtachtung vor zwei Jahren hatte mich sehr verletzt.

Jetzt war alles wieder gut, die Arbeit machte mir Spaß. Der Sommer ging zu Ende und auch der Herbst. Draußen wurde die Arbeit weniger, doch da die Tiere wieder alle im Stall waren, verlagerte sie sich nach drinnen. Im Haus wurde gebacken, und auch wenn ein Schwein geschlachtet wurde, gab es viel zu tun, bis alles verarbeitet war. Verwunderlich allerdings scheint es heute noch, dass niemand einen Verdacht schöpfte: Der 22-jährige Sohn hatte keine Freundin und das 18-jährige Mädchen keinen Freund? Ich liebte so sehr, dass meine Liebe fast an Hörigkeit grenzte. Aber, „Glück und Glas, wie leicht bricht das!" Als wir wieder einmal miteinander geschlafen hatten, wollte ich zum Abschluss noch einen Kuss haben. Er war müde und wollte sofort schlafen. Als ich ihm sagte, ich würde ihn verlassen, wenn ich keinen Kuss bekäme, reagierte er auch nicht. Da habe ich meine Sachen gepackt und bin gegangen. Sicher war zum einen meine Abhängigkeit von ihm und zum anderen die Aussichtslosigkeit unserer Liebe der Grund für meine Empfindlichkeit. Denn eine gemeinsame Zukunft kam bei aller Liebe nicht in Frage, dazu war sein Hof auch zu klein. Ein bisschen, was sollte seine zukünftige Frau schon mitbringen? All das knickte mein Selbstwertgefühl. Ich war sehr traurig, aber ein Zurück gab es auf keinen Fall. Wenn ich gesagt hatte, „ich verlasse dich" und wenn er darauf nicht reagierte, dann war mir alles egal. Ich war jetzt 19 Jahre alt und wollte mir nun wirklich weiter weg eine neue Beschäftigung suchen.

Meine nächste Station war Hamburg. Ich war jetzt Hausangestellte in einer Stadtwohnung. Die Häuser in diesem Stadtteil waren zwei- bis dreistöckig und hatten schöne Vorgärten. Die Wohnung lag im ersten Stock, darunter, im Erdgeschoss wohnte die Eigentümerin. Im zweiten Stock gab es noch zwei kleine Wohnungen und zwei einzelne Mädchenzimmer, eines davon für die Hausangestellte vom Erdgeschoss, das andere für mich. Zur Familie gehörten zwei Jungen von neun und elf Jahren. Die Eltern waren nicht mehr ganz so jung. Er war ein höherer Regierungsbeamter, war ein bisschen kleiner als seine Frau, die groß und schlank war.

Die Wohnung hatte sechs riesengroße Zimmer. Außer der Küche gab es noch die große Diele, ein hochelegantes Bad mit. Sachen, die ich bisher noch nie gesehen hatte, sogar ein Bidet. Es gab heißes Wasser aus der Leitung. Alles war neu und ungewohnt. Ich hatte ein Zimmer für mich allein! Die Arbeit war natürlich angenehm, kein Vergleich zu vorher. Ich fragte mich, wie ich den Tag wohl rumbringen sollte. Doch an bessere Zeiten gewöhnt man sich erstaunlich schnell. Ich verdiente doppeltes Geld, und Freizeit hatte ich ungewohnt viel.

Jetzt wollte ich mir auch einen Traum erfüllen. Ich wollte Akkordeon spielen lernen. Ich sparte, soviel ich konnte und hatte bald genug Geld für eine solide Anzahlung. Mit der Straßenbahn fuhr ich in die Innenstadt und kaufte mir in einem Musikgeschäft ein Akkordeon. Im Geschäft ließ ich mir auch jemanden empfehlen, der mir Unterricht geben könnte. Ich kümmerte mich um Termine, die Stunde sollte acht Mark kosten. Es wurde eine Enttäuschung! Die erste Stunde: Begrüßung, ein bisschen Reden, dann nahm die Lehrerin mein Instrument und spielte mir etwas vor. Für mich zu lange. Anschließend schrieb sie in mein Hausaufgabenheft, malte Äpfel und geteilte Äpfel, um mir ganze, halbe, viertel Noten zu erklären. Damit war die Stunde rum, Ich hoffte, ihre Lehrmethode würde sich ändern, wollte unbedingt spielen lernen. Aber nach drei Monaten war meine Geduld überfordert und ich gab auf.

Meine neue Stelle gefiel mir sehr gut. Es machte mir Spaß, diese schöne Wohnung täglich zu pflegen. Es gab immer viel Wäsche, vor allem Oberhemden. Der Herr brauchte jeden Tag ein Oberhemd, oft auch zwei. Was habe ich Oberhemden gebügelt! Langsam ging es nur am Anfang; später hatte ich den Bogen raus. Mit den Kindern habe ich mich gut verstanden. Der Jüngere war schlank und lebhaft, der Ältere ein bisschen mollig und ruhig. Fleißig gelernt. haben beide.

Eines Abends während ich schon im Bett war, waren die Kinder unten allein, da die Eltern aus waren. Sie hatten oft gesellschaftliche Verpflichtungen. Da hörte ich plötzlich einen fürchterlichen Knall aus der Wohnung unter mir. Wie der Wind war ich unten und sah die beiden in ihren Nachthemden im Flur stehen, erstarrt und schreckensbleich. In einer Nische war ein großer Gasboiler explodiert, und es war viel Feuer. Ich schrie die Kinder an: „Ruft die Feuerwehr!" Selbst hatte ich schon den Eimer voll Wasser. Den schüttete ich auf das Feuer. Oh Wunder, das Feuer war aus! Als hätte es mit einem so schnellen Guss nicht gerechnet und wäre vor Schreck ausgegangen. Die Feuerwehr war ganz schnell zur Stelle. Sie sagten mir, ich hätte großes Glück gehabt. Man darf so etwas wohl nicht mit Wasser löschen. Na ja, das Feuer war aus und hatte zum Glück nur geringen Schaden angerichtet.

Ich nahm schließlich die zwei Buben in die Arme und ging mit. ihnen ins Wohnzimmer. Dort warteten wir gemeinsam auf die Eltern. Schlafen konnten wir nicht nach diesem Schreck. Als die Eltern zurück waren und wir berichtet hatten, legte sich die Aufregung.

Eines Tages sollte ich etwas holen, und ich wusste nicht, wo es verwahrt wurde. Das eine junge Mädchen zeigte mir im Esszimmer den Schrank und fragte mich verwundert, ob ich da noch nie hineingeschaut hätte. Ich selbst stellte bei mir fest, dass Neugierde mir fremd war. Was andere Leute in ihren Schränken aufbewahrten, interessierte mich überhaupt nicht.

Manchmal traf ich das andere junge Mädchen, das im Erdgeschoss beschäftigt war. Es wurde eine lockere Freundschaft, obwohl wir völlig verschieden waren. Sie ging gerne fort, gab viel Geld für Kosmetik aus. Einmal nahm sie mich mit. Sie wollte sich ein Fahrrad kaufen, auf Teilzahlung. Im Geschäft fragte mich dann der Verkäufer, ob ich die Bürgschaft übernehmen wollte. Selbstverständlich. Es war ja nur eine Formsache. Er hatte wohl eine bessere Menschenkenntnis als ich. Das Mädchen kündigte bald ihre Stellung und zahlte ihre Raten nicht. Aber man hatte ja einen Bürgen, auf den man zurückgreifen konnte. Ich hätte sicher die Raten gezahlt, aber meine Chefin meinte, da ich noch nicht volljährig wäre, würde ich noch mal davonkommen. So war es dann auch, mit ihrer Hilfe. Sie warnte mich, in Zukunft nicht mehr so gutgläubig zu sein.

Im Arbeitszimmer gab es viele Bücher. Schon immer, auch als Kind, hatte ich, wenn ich ein Buch in die Finger bekam, leidenschaftlich gern gelesen. Da ich jetzt Gelegenheit und Muße hatte, verbrachte ich viel Zeit mit Lesen.

In einer der beiden kleinen Wohnungen auf meiner Etage wohnte eine alleinstehende Frau. Sie war 29 Jahre alt, berufstätig und sah schick aus. Sie kam gern zu einem Schwatz zu mir herein. Einmal fragte sie mich, ob mich schon mal jemand darauf angesprochen habe, dass sie anscheinend keinen Freund hätte. Nein, und mir war auch nichts aufgefallen. Ich hatte ja auch keinen Freund. Aber bei ihr hatte es einen ganz anderen Grund. So nach und nach erfuhr ich, dass sie nur mit Mädchen Umgang hatte. Ich wurde ihre Vertraute. Manchmal, wenn sie abends heimkam, auch wenn ich schon schlief, musste sie mir alles erzählen. Ich erfuhr von heißer Liebe zu anderen Frauen, von Eifersucht und auch von tiefer Verzweiflung. Sie erzählte mir von ihren Eltern, die sehr traurig über ihre einzige Tochter waren. Ich fragte sie, ob sie es denn schon mal mit einem Mann versucht hätte. Ja, auch ihren Eltern zuliebe. Aber es sei ganz „doof" gewesen, sie habe überhaupt nichts dabei empfinden können. Während der Mann sich abgemüht und dann noch gefragt habe, ob es schön für sie gewesen sei, sei ihr Gedanke nur gewesen: Hoffentlich ist es bald vorbei. Beim nächsten Versuch hat sie die Sache dann abgebrochen. Ich konnte mir das alles nicht vorstellen. Als ich sie fragte, ob sie mit mir... so wie mit den anderen Frauen. Nein, unmöglich.

Wenn ich mal eine ihrer Freundinnen zu Gesicht bekam, staunte ich, wie schön sie waren. Als wären sie direkt von einer Kinoleinwand herabgestiegen. Eine Freundin gab es aus einer früheren Zeit, die wohnte in einer anderen Stadt, hatte sich sehr gut verheiratet und hatte zwei Kinder. Wenn ihr Mann beruflich in Hamburg zu tun hatte, besuchte sie ihre alte Freundin. Diese Frau konnte zwei Dinge unter einen Hut bringen, zumal ihr Mann dank seiner guten Stellung ihr ein angenehmes, sorgloses Leben bieten konnte.
Diese Frau hatte einen schwarzen Chow-Chow. Da für die beiden jede Minute kostbar war, fragten sie mich, ob ich mit dem Hund spazieren gehen wollte. Das tat ich gern, wir brauchten nur zwei Straßen zu überqueren, um an den Elbstrand zu kommen. Nach einer Weile ließ ich den Hund von der Leine, damit er sich ein bisschen austoben konnte. Er sprang auch ganz fröhlich und kam auf mein Rufen. Leider war er dann doch weg. Ich rief immer wieder laut: Amor! Amor! Es war schon dunkel, der Hund war schwarz, ich traute mich kaum nach Hause. Langsam setzte ich einen Schritt vor den anderen, und als ich schließlich doch in unsere Straße komme, wen sehe ich vor unserer Gartentür sitzen? Noch mal gerettet! Überglücklich umarmte ich Amor, und er freute sich auch, mich wiederzusehen. Da haben wir uns beide zurückgemeldet und niemandem etwas erzählt.

Es war inzwischen Urlaubszeit, und ich bekam auch einen richtigen Urlaub. Natürlich bin ich zu meinen Eltern gefahren. An einem

Wochenende wusste ich nichts Besseres und bin in den nächsten größeren Ort gefahren. Dort gab es eine Tanzveranstaltung, und meine Eltern meinten auch, ich sollte hingehen, würde ich doch sicher junge Leute treffen, die ich von früher kannte. Ich war gewiss kein Trauerkloß, aber im tiefsten Herzen trug ich Trauer, obwohl ich mir nichts anmerken ließ. Als ich durchs Fenster auf die Tanzenden schaute, fühlte ich mich ausgeschlossen. Nach einer Weile erblickte mich ein junger Mann. Er forderte mich durch ein Zeichen zum Mittanzen auf, doch sicherheitshalber kam er schnell selbst heraus und holte mich hinein. Es wurde noch ein lustiger Abend. Wir verabredeten uns noch einige Male, doch dann war mein Urlaub zu Ende. Er ließ sich meine Adresse geben, und es gingen Briefe hin und her. Es waren von seiner Seite sehnsuchtsvolle Zeilen.

Er war Zimmermann, und eines Abends stand er bei mir vor der Tür. Er hatte sich in Hamburg Arbeit gesucht und ein Zimmer. Die Wohnungsnot war groß. In einer Ruine - das halbe Haus und das Dach waren weg - wohnte im Rest noch eine Familie, die hat ihm ein Loch abgegeben, um noch ein bisschen Miete dafür zu bekommen. Jetzt hatte ich offiziell einen Freund. Wir verstanden uns gut und waren viel zusammen. Wir machten schöne Ausflüge in und um Hamburg. Er wollte mich unbedingt und so schnell es ging heiraten. Seine Eltern waren sehr dagegen, hauptsächlich seine Mutter. Wenn ein Brief von seiner Mutter kam, war er jedesmal ganz aufgelöst, kam damit sofort zu mir mit letzter Kraft, gab mir den Brief und ist dann manchmal ohnmächtig geworden. Ich wusste mir gar nicht zu helfen.

Seine Mutter schien zu glauben, eine, die in Hamburg wohnt, eine, die keinen Beruf erlernt hat, eine, die weiter nichts hat, wäre nichts für ihren Sohn. Ich würde mich nur ins gemachte Nest setzen. Wieso eigentlich? Er hatte wohl seinen Beruf, aber es waren Flüchtlinge, von Haus aus nichts anderes als einfache Arbeiter. Auf jeden Fall hatte er sich fest vorgenommen, mit mir zu leben, Wenn ich ihn verlassen würde, wollte er nicht mehr leben. Wenn dieser Mann mich so sehr liebte, sagte ich mir, dann muss ich ihn wohl heiraten. Womöglich würde er sich noch aus Liebe zu mir umbringen, und das wollte ich natürlich auch nicht. Nachdem ich einer Heirat fest zugestimmt hatte, wurde er ruhiger.

Begeistert waren meine Eltern nicht über ihren künftigen Schwiegersohn. Vor allem mein Vater machte sich seine Gedanken, und ich bekam nur widerstrebend die Einwilligung zur Heirat, die erforderlich war, weil ich noch nicht volljährig war. Nun konnte ich ja meine Stellung im Haushalt nicht behalten. Wir suchten uns eine gemeinsame Unterkunft. Das war sehr schwierig, denn in dem zerstörten Hamburg gab es einfach zu wenig Wohnraum. Andererseits war alles im Aufbau, und die Stimmung war fast euphorisch. Endlich fanden wir einen Raum mit Herd und Wasser in einem Keller. Ein bisschen Wehmut empfand ich beim Abschied von meiner guten Stelle, in der es mir eineinhalb Jahre so gut gegangen war. Nun wurde die Hochzeit vorbereitet.

Die standesamtliche Trauung fand in Hamburg statt, die kirchliche dagegen in einer Stadt, in der eine Schwester meines Vaters eine Gaststätte hatte. Dieser Standort lag für unsere Hochzeitsgäste günstig, und für die Bewirtung machte uns meine Tante einen Sonderpreis. Von meinen Eltern war viel Verwandtschaft da. Leider waren von meinem Bräutigam weder Eltern noch Geschwister gekommen. Wieder begann ein ganz neuer Lebensabschnitt. Ich hatte eine sehr gut bezahlte Arbeit als ungelernte Arbeiterin in der Radioröhrenmontage gefunden, Akkordarbeit, verdiente jetzt 100 Mark in der Woche und damit 25 Mark mehr als mein Mann als gelernter Handwerker, Die Miete war billig, und zum Einkaufen gingen wir jeden Sonntagmorgen auf den Hamburger Fischmarkt. Dort konnte man nicht nur frischen

Fisch direkt vom Kutter kaufen, sondern auch alles, was man sonst zum Essen brauchte, darüber hinaus Bekleidung, Fahrräder, Bilder, lebende Tiere wie Hühner, Ziegen und anderes. Einmal standen am Wege zwei Kinder mit jungen Kätzchen. Da konnte ich nicht widerstehen und kaufte eins davon. Es war ein Kater, wir nannten ihn Jonny.

Jonny wurde schnell groß, und wir haben uns sehr an ihn gewöhnt und er sich an uns. Bevor ich zur Arbeit ging, durfte er kurz raus in den Hinterhofgarten. Wenn ich ihn dann zurückrief, kam er ganz schnell, obwohl er wusste, dass er den ganzen Tag allein sein würde. Besonders gern saß er vor einem Blumenstrauß, dann musste er niesen. Das konnte ich mir gar nicht erklären. Wenn ich die Scheiben meines Glasschrankes einen Spalt offen gelassen hatte, konnte er stundenlang wie eine Statue hinter der Scheibe sitzen. Aber nie zerbrach er Gläser oder Geschirr. Eines Abends war Jonny weg. Wir wollten schlafen gehen und hatten unser Wand Bett runtergeklappt. Wir riefen und suchten ihn in anderen Kellerräumen, auch draußen. Sonst kam er doch immer sofort angelaufen, wenn er seinen Namen rufen hörte. Es war rätselhaft. Als ich noch einmal unters Bett und zwischen die Sprungfedern schaute, saß er dort und blickte mich mit schiefem Kopf an. Er hatte sich nur einen Spaß mit uns erlaubt.

Schon sehr bald ergab es sich, dass in der Alsterdorfer Straße im ersten Stock ein großes Zimmer zur Untermiete angeboten wurde. Wir bewarben uns, und die Vermieter, ein altes Ehepaar, entschieden sich für uns. Wir waren sehr erfreut, doch die Freude war wiederum nur halb, denn es durften keinerlei Tiere gehalten werden. Unser Jonny musste in ein Tierheim. Ich sehe mich noch mit Jonny auf dem Schoß in der Straßenbahn sitzen, Richtung Tierheim. Eine Frau sprach mich an, ob ich die Katze ins Tierheim bringen wollte. Da war es mit meiner Selbstbeherrschung vorbei. Ich weinte bitterlich und konnte nicht aufhören. Warum hatte mich die Frau nur angesprochen?! Im Tierheim konnte ich Jonny dann gegen ein Futtergeld dalassen. Auf der Rückfahrt habe ich mir immer wieder gesagt: Es musste sein! Aber geglaubt habe ich es nicht. Wie konnte ich nur so etwas tun?

Wir zogen dann in das Zimmer, mussten noch dies und jenes anschaffen, darunter einen kleinen Herd, da das Zimmer ohne Küchenbenutzung vermietet war. Nun konnten wir besser schlafen, die Luft im Keller war nicht so gut gewesen. Etwas später - ich war inzwischen schwanger - wurde hinter der Küche noch ein kleiner Raum frei, den wir hinzumieten konnten. Da kauften wir uns ein schönes Schlafzimmer, Da ich auf keinen Fall Schulden machen wollte, reichte es nicht ganz, und wir verzichteten zunächst auf die dazugehörenden Nachtschränkchen. Als wir sie sechs Wochen später nachkauften, kosteten sie nicht mehr 35 Mark wie ursprünglich, sondern 60 Mark. Da haben wir uns geärgert, mussten aber in den sauren Apfel beißen.

Meine Schwangerschaft verlief normal, obwohl mir auch die Akkordarbeit zeitweilig schwerfiel. Eines Morgens wachte ich um vier Uhr von einem Schmerz im Bauch auf. Ich blieb still liegen, bis mein Mann aufstehen musste. Ich richtete ihm sein Frühstück, und um 5,30 Uhr musste er los zur Arbeit. Endlich war er weg. Jetzt merkte ich ganz deutlich, dass ich Wehen hatte. Mein Baby war 14 Tage zu früh. Schnell bereitete ich noch das Essen für meinen Mann, damit er es vorfand, wenn er abends heimkommen würde, prüfte, ob im Zimmer alles in Ordnung war, nahm mein vorbereitetes Köfferchen und ging zur Straßenbahn, die mich ins Krankenhaus bringen sollte. Der Fahrer war mir beim Einsteigen behilflich und platzierte mich gleich vorn auf einen Sitz für Behinderte. Es war mir klar, dass er wusste, was mit mir los war, mein Köfferchen hatte mich gewiss verraten. Das war mir allerdings äußerst peinlich.

Ich brachte meine Renate zur Welt. Nun hatte ich noch sechs Wochen Mutterschaftsurlaub. Dazu kamen weitere 14 Tage Stillzeit und mein Jahresurlaub. Bis zum Ende dieses Urlaubs im Herbst musste ich eine wichtige Entscheidung treffen. Einerseits: Mein guter Verdienst und das beachtliche Weihnachtsgeld (600 Mark) würden uns fehlen, andererseits: Mein Baby, das ich durchgehend stillte, jeden Morgen in eine Krippe geben? Nein, Um kein Geld der Welt. Die Entscheidung fiel mir überhaupt nicht schwer. Ein halbes Jahr später bekam ich im naheliegenden Kino eine Arbeit als Platzanweiserin. So konnte ich tagsüber beim Kind sein, ging abends zur Arbeit, wenn mein Mann nach Hause kam. Ich war sehr glücklich mit meinem Kind und habe es voll ausgenutzt. Ich ging viel spazieren, und mein Kind dankte es mir.

Unsere Tochter hatte Taufe. Wir hatten Gäste eingeladen, die auf unserer Couch saßen und mir beim Kochen zusahen. Das Essen war soweit fertig, es mussten nur noch die Salzkartoffeln abgegossen werden. Ich hatte einen Zinkeimer in der Stube stehen, in den das Schmutzwasser hineingegossen wurde. Über diesem Eimer, in dem auch schon schmutziges Wasser drin war, wollte ich nur noch meine Kartoffeln abgießen. Unglücklicherweise rutschte mir der Topfdeckel weg, und nicht nur das Wasser, auch die Kartoffeln waren im Eimer. Es war furchtbar! Wie konnte das nur passieren, ausgerechnet, wenn Besuch da war? Was wir dann gegessen haben, weiß ich nicht mehr.

Als wir mal wieder im Park waren, ich, auf einer Bank saß und Renate in der Sportkarre, wollte sie gerade in eine Banane beißen, da setzte sich eine Biene darauf und war auch schon im Mund verschwunden. Die Biene hatte ich schnell draußen, aber der Stachel saß ziemlich weit hinten auf der Zunge. Bis zum nächsten Arzt war es weit, der Park war groß, mein Kind schrie. Nein, bis zum Arzt reichte es nicht. Da nahm ich die Gürtelschnalle von meinem Trenchcoat, drückte mit Gewalt ihre Zunge nieder und erwischte tatsächlich den Stachel. Damit war schnell das Schlimmste überstanden.

Ich war jetzt zu Hause und konnte ab und zu meine Eltern übers Wochenende besuchen. Sie hatten eine kleine Wohnung auf einem großen Bauernhof. Meine Eltern waren glückliche Großeltern. Ihre Enkelin war auch ein richtiges Vorzeigekind, sie quengelte nie, man konnte sie absetzen, und sie war immer zufrieden und spielte. Es war Frühsommer, ein herrlich warmer Tag. Renate saß - sie konnte gerade sitzen dem Küchenfenster gegenüber an der Stallwand in der Sonne und spielte im Sand. Sie ließ den Sand durch ihre Finger rieseln, was zurückblieb, wurde in den Mund gesteckt. Mein Verdacht wurde bestätigt, als ich zu ihr hinlief. Es war Hühnerkot, die Soße lief ihr aus den Mundwinkeln. Ich glaubte, mich trifft der Schlag, lief aufgeregt zu meiner Mutter: „Mutti, de Lütte freet Heunerschiet!" Ganz ruhig gab sie zur Antwort: „Dor blifft se nich vun dood." (Davon stirbt sie nicht.) Ich war zwar anderer Meinung, und doch hatte diese trockene Bemerkung etwas Beruhigendes für mich.

Ein anderes Mal wollten wir wieder zu den Großeltern fahren, Renate konnte schon laufen. Ich hatte meine Tochter gebadet und schön angezogen. Sie hatte auch schon ihr Mäntelchen an und stand fertig in der Stube. Die Zeit drängte, denn wir mussten mit der Straßenbahn zum Hauptbahnhof fahren. Nur das Wasser aus der Wanne musste noch in die Küche getragen werden. Aber da war es schon passiert. Meine Tochter machte ein paar Schritte rückwärts und landete in der Wanne. Die Reise musste dann natürlich verschoben werden.
Später überredeten mich meine Eltern, als wir einmal bei ihnen zu

Besuch waren, ihnen das Kind eine Zeit lang zu überlassen, ich könnte dann wieder ganztags arbeiten. Ich bekam eine Arbeit in einem Messwandler Werk.

Mein Bruder Harald, der Elektriker gelernt hatte, war inzwischen auch verheiratet und lebte in Süddeutschland im unteren Neckarraum. Sie hatten auch ein Kind, ein paar Monate jünger als meine Renate. Seine Frau hätte auch gern mitverdient, und so hatte er eine Idee. Er habe ein schönes Zweifamilienhaus an der Hand, und wenn sowohl wir als auch unsere Eltern dieses Haus mieten und dort hinziehen würden, könnten seine Frau und ich voll berufstätig sein, die Oma könnte unsere Kinder betreuen, mein Vater, der eine Umschulung zum Maurer gemacht hatte, und mein Mann als Zimmermann würden dort leicht Arbeit finden. Die Familie wäre zusammen, und man könnte sich gegenseitig helfen. Charme und Berechnung - das waren seine Stärken! Wir ließen uns überreden.
Mein Mann, ich und mein Vater kündigten unsere Arbeit. Wir organisierten einen Umzug. Zuerst wurden die Sachen von meinen Eltern aus Dithmarschen geholt, dann wurden unsere Sachen in Hamburg zugeladen. Wir mussten sie zum Teil auf den zum Glück breiten Gehweg stellen, weil die nächsten Mieter schon vor der Tür standen. Alles war sehr aufregend, aber schließlich klappte alles. Irgendwann - wir waren mit dem Zug gefahren - standen wir vor unserer neuen Heimstatt: ein Neubau für zwei Parteien, in dem leider nur die untere Wohnung fertiggestellt war. Diese mussten wir uns zunächst teilen. Es war in einem Dorf, wie man es sich unbedeutender nicht vorstellen kann, dazu am Ende der Welt. Unsere zwei Männer - mein Vater war mit dem Motorrad gekommen - bekamen keine Arbeit und mussten Arbeitslosengeld beantragen.
Ich bekam bald eine Arbeit in einem Konfektionsbetrieb als Näherin.

Ein Bus fuhr über die abgelegenen Dörfer und sammelte die billigen Arbeitskräfte ein, Damals waren die Löhne noch nach Ortsgrößen gestaffelt: Wer in der Großstadt lebte, bekam einen wesentlich höheren Lohn, in der Kleinstadt gab es weniger und im ländlichen Bereich am wenigsten. Eines Tages, als wir noch nicht lange dort wohnten, klingelte es an der Haustür. Es war der Dorfpfarrer; die Gegend war überwiegend evangelisch. Er war noch im Flur, und ich sagte zu meinem Vater: „Der Pfarrer besucht uns. Das finde ich aber nett." Mein Vater sagte (wie ist er wohl darauf gekommen?): „Der will bestimmt nur Geld." Leider war es tatsächlich so.

Jeder Beteiligte hätte wissen können, dass es meinen Eltern, diesen eingefleischten Dithmarschern, nicht möglich sein würde, auf die Dauer im Schwabenland zu leben. Deshalb war es auch nur ein kurzes Gastspiel. Mich dagegen sollte der Neckarraum gut 30 Jahre meines Lebens festhalten.

Zunächst bekamen unsere zwei Männer doch noch Arbeit, und zwar auf der gleichen Großbaustelle. Es war ein weiter Weg, und sie fuhren gemeinsam auf meinem Vaters Motorrad zur Arbeit. Doch das war alles keine Lösung. Mein Vater und sein Schwiegersohn hatten zwar keinen Streit miteinander, aber mein Vater mochte ihn nicht. Wir suchten an einem anderen Ort eine Arbeit für meinen Mann und fanden in der Nähe eine Wohnung für uns. Unsere Vermieterin, eine Witwe, wohnte am gleichen Ort. Über sie wurden schauerliche Geschichten erzählt. Als ihr Mann im Sterben lag, wollte der Arzt ihm eine Spritze gegen seine starken Schmerzen geben, aber da er ja sowieso sterben würde, wollte sie die fünf Mark für die Spritze nicht bezahlen. Wenn Erntezeit für Äpfel war, wusste sie nicht zu unterscheiden, welche Bäume ihr gehörten. Wir zahlten aber ihre etwas überhöhte Miete, und sie ließ uns dann auch in Ruhe.

Ich hätte sehr gern noch ein zweites Kind gehabt. Als ich gegenüber meinem Mann diesen Wunsch äußerte, sagte er mir ungerührt: „Nein, mit einem Kind kannst du noch arbeiten, mit zwei Kindern nicht." Mich kränkte die Kälte dieser Antwort, aber vielleicht hatte er recht. Es ging in den Sommer, und ich versuchte, hier und da etwas Geld zu verdienen. Ich strickte für uns alle Pullover und Strümpfe und für das Kind Kleider. Wir hatten auch ein Stück Gartenland gepachtet. So hatten wir Gemüse, und auf einem größeren Stück hatten wir Kartoffeln angebaut. Als ich meine Eltern vor ihrer Rückkehr nach Norddeutschland noch einmal für ein paar Tage besuchen wollte, bat ich meinen Mann, sich ein wenig um den Garten zu kümmern. Als ich wiederkam, hatten die Kartoffelkäfer alle Pflanzen kahlgefressen. Ich machte meinem Mann Vorhaltungen, doch er war ganz erstaunt und meinte, sie hätten doch nur die Blätter gefressen, und wir wollten doch die Knollen. Ich war sprachlos. Also gab es in diesem Jahr keine Kartoffeln.

Unsere Tochter Renate entwickelte sich prächtig, und wir mussten daran denken, dass sie in einem Jahr zur Schule gehen sollte. Wir suchten und fanden in dem Ort, in dem mein Mann arbeitete, eine schöne Drei-Zimmer-Wohnung. Auch die Schule war gut erreichbar. Es waren einzeln stehende Häuser. Eine Waschküche war vorhanden, und im Garten konnte man Wäsche aufhängen.

Ich hatte meine Leinen abgewischt und den Klammerbeutel hinausgetragen. Als ich mit der Wäsche kam, fand ich den Beutel nicht, weder drinnen noch draußen. Hatte ich ihn doch nicht mitgenommen? Ich lief auf der Wiese hin und her. Plötzlich sehe ich eine Klammer am Boden liegen, etwas weiter noch eine und in Richtung Nachbargrundstück eine dritte. Etwas entfernt stand eine Hundehütte und heraus schaute ein junger Hund. Ganz hinten in der Hütte hatte er seine Klammerbeute in Sicherheit gebracht. Nachdem ich den Hund herausgelockt hatte, kroch ich in die Hütte, holte mir meine Klammern und konnte nun meine Arbeit vollenden.

Im gleichen Ort fand ich eine Halbtagsarbeit, so kamen wir finanziell gut zurecht. Doch irgendwie wurde ich immer unzufriedener. Es war nicht das Leben, das ich mir vorgestellt hatte. Wir hatten keinen Streit, aber mein Mann schwindelte mir das Blaue vom Himmel. Und dass der Fernseher einen Knopf zum Ausschalten hatte, war ihm anscheinend nicht bekannt. Meine Liebe war schon eine Weile irgendwo verloren gegangen. So nach und nach schwand auch meine Achtung. Gegen seine Selbstmorddrohungen war ich auch schon abgestumpft. Einmal war ich gegen seinen Willen zu einer Nachbarin gegangen. Als ich wieder zurück kam, lag er wie tot auf dem Bett, daneben leere Tablettenschachteln. Da habe ich laut gesagt: „Soll ich ihn jetzt sterben lassen oder soll ich einen Arzt holen?" Da wurde er wieder lebendig.

Über eine Trennung konnte ich mit ihm nicht reden. Also musste ich mir etwas ausdenken. Ich besorgte mir heimlich in einem anderen Ort eine kleine Wohnung. Er hatte vor, ohne uns seine Schwester zu besuchen und war ein paar Tage weg. In dieser Zeit stellte ich für mich und Renate das Allernötigste zusammen, mietete einen kleinen Lastwagen mit Fahrer und richtete mir bescheiden mein neues Domizil ein. Außerdem reichte ich die Scheidung ein. Das war alles nicht so einfach, weil ich nicht wusste, wie so etwas vor sich ging. Durch die viele Umzieherei hatte ich kaum engere Freunde. Aber ich hatte immer Glück, war kontaktfreudig und kam mit meinen Mitmenschen, ob Hausbewohner oder Arbeitskollegen, stets gut zurecht.
Ich bekam schnell eine Arbeit als Putzfrau im Bahnhof. Die Ortschaft

war zwar klein, doch es war ein Eisenbahnknotenpunkt. Die Züge gingen in drei Richtungen. Der große Vorteil war: Ich konnte mir meine Arbeit so einrichten, dass ich in der Lage war, ständig für meine Tochter da zu sein. Während sie im Kindergarten war, ging ich zur Arbeit. Da ich schnell und gründlich arbeitete, ließ man mir freie Hand. Man ermahnte mich nur immer wieder, nicht so schnell zu laufen. Bei der Bundesbahn war es nicht üblich, sich schnell zu bewegen; das hing gewiss auch damit zusammen, dass bei Rangierarbeiten und dergleichen die Sicherheit Vorrang hatte. Heißes Wasser zum Putzen holte ich mir aus der Dampflokomotive.

Es gab einen Aufenthaltsraum für die Arbeitspausen. Dort verwahrte man auch seine Jacken. Eines Tages wollte ich nach der Arbeit meinen roten Anorak anziehen. Hatten mir doch die Kollegen meine Ärmel zugenäht! Da hatten natürlich alle ihren Spaß. Eine Station weiter war unsere Kreisstadt. Als ich dort einmal während der Arbeitszeit dringend etwas zu erledigen hatte, wurde mir das sofort erlaubt. Es war ein reger Zugverkehr, und in der Eile stieg ich in den falschen Zug. Ich merkte es leider zu spät, gönnte aber den Kollegen die Schadenfreude nicht. An der nächsten Station stieg ich aus und fuhr per Anhalter an mein Ziel. Der Fahrer brachte mich sogar, nachdem ich von meinem Missgeschick erzählt hatte, direkt vor die Tür. So konnte ich meine Angelegenheit schnell regeln, so dass ich es schaffte, mit dem vorgesehenen Zug zurückzufahren. Zufällig, oder auch nicht, wollten ein paar Kollegen sich vergewissern, dass ich ja mit diesem Zug nicht kommen konnte. Wie selbstverständlich stieg ich aus, ging an meine Arbeit und wäre innerlich fast geplatzt, als ich ihre verblüfften Gesichter sah.

Es ergab sich, dass im etwa 300 Meter entfernten Bahnbetriebswerk eine tüchtige Putzfrau gebraucht wurde. Das war für mich eine Verbesserung in vielerlei Hinsicht. Dort waren mehrere Büroräume, ein Unterrichtsraum und Bäder für Bahnbedienstete. Da die Werkswohnungen keine eigenen Bäder hatten, konnte man für 50 Pfennige zu bestimmten Zeiten ein Bad nehmen. Im oberen Stockwerk waren zahlreiche Übernachtungsräume für das fahrende Personal. Auch hier durfte ich mir meine Arbeit einrichten, wie ich wollte. Ich fing ganz früh an, ging zwischendurch heim, um Renate für den Kindergarten zu versorgen und war mittags fertig.

Die Scheidung war bald und ging schnell. Mein Anwalt erschien erst zur Verhandlung, als schon alles gelaufen war. Anschließend sind mein nunmehr geschiedener Mann und ich noch in ein Kaffee gegangen, und danach habe ich ihn nie wiedergesehen. Er sollte 80 Mark im Monat für seine Tochter bezahlen, und alle 14 Tage durfte sie ihren Vater besuchen. Ich begleitete sie zum Bus, und er holte sie vom Bus ab. Bald wollte sie aber nicht mehr hingehen. Er hatte eine Neue, und die beiden tauschten demonstrativ Zärtlichkeiten vor dem Kind, und meine Tochter kam sich überflüssig vor. Sie sagte zu mir: „Mutti, die knutschen sich auf dem Sofa, und ich mag das nicht mehr anschauen." Wir stellten die Besuche ein, und ihr Vater hatte nichts dagegen. Wir haben dann nie mehr etwas von ihm gehört. Meine Tochter hat mir leid getan, aber sie kam darüber hinweg.

Renate und ich machten uns eine schöne Zeit. Meine Tochter war als Baby schon ein Spuckkind und war es geblieben. Doch eines Tages, wir saßen beim Essen, sagte sie zu mir: „Mutti, wenn ich das und das nicht darf, dann muss ich brechen." Da kam ich darauf, dass sie ihren empfindlichen Magen als Druckmittel benutzte. Ich hatte sie bis dahin nie geschlagen; jetzt wusste sie, wie das ist, wenn man zu weit geht. Ich habe ihr angedroht, wenn sie sich wieder erbricht, bekommt sie jedesmal Haue. Mein Kind hat sich dann nie wieder erbrochen. Ich weiß nicht, ob meine Reaktion richtig war, aber es hat geholfen.

Mittlerweile war sie eingeschult worden, und wir hatten uns gut eingelebt. Auch finanziell ging es uns so gut wie nie zuvor. Ich fühlte mich frei und erlöst, Ich hatte eine gute Nachbarschaft. Manchmal dachte der eine oder andere, man hätte bei mir leichtes Spiel: Geschieden und solo. Aber nachdem ich das klären konnte, hatte ich meine Ruhe. Ich war immer guter Laune. Einmal hat ein Mitarbeiter im Büro über mich gesagt: „Die putzt die Toiletten und singt dabei!" Der Inspektor hat es mir erzählt. Ja, wenn man denkt, es geht immer so weiter... Das ging es aber nicht.

Eines Tages kam ein Maler, der die Fenster und Türen streichen sollte. Das ging natürlich nicht so schnell, denn es waren viele Fenster und Türen. Dieser Mann gefiel mir merkwürdigerweise. Wir liefen uns öfter über den Weg, aber der Mensch redete kaum, weder mit mir noch mit anderen. Er machte seine Arbeit und kümmerte sich um nichts. Als ich in einen Büroraum ging, wo er gerade eine Tür gestrichen hatte, ließ ich die Tür zufallen. Da konnte er einen ganzen Satz sprechen und sagte: „Die Tür klebt jetzt." Ich sagte, es täte mir leid, ich hätte es nicht gewusst. Als Antwort nahm er mich fest in die Arme und küsste mich, zuerst ins Ohr, dann auf den Mund. Ich war furchtbar erschrocken, auch weil im Büro nebenan sich mehrere Personen aufhielten. Aber wie war mir auf einmal? Es rieselte durch meinen Körper, das war mir nicht geheuer. Zumal ich diesen Menschen überhaupt nicht kannte. Wieso komme ich mir so hilflos vor? Er bekam keine Ohrfeige von mir, wie man das in Filmen so sieht, und als er mich freigab, bin ich ohne ein Wort gegangen.

Ich habe daraufhin versucht, ihm aus dem Weg zu gehen, was natürlich nicht so einfach war. Als wir uns wieder einmal allein begegneten, fragte er mich, ob ich am Sonntag Zeit hätte, er würde gern einen Ausflug mit mir machen. Er hatte ein Auto. Ich sagte ihm, dass ich meine sechsjährige Tochter nicht allein lassen würde. Er meinte, wir fahren irgendwo hin, wo es ihr gefallen werde. Da ich sonst kaum rauskam, sagte ich zu. Wir machten einen wunderschönen Ausflug.

Es blieb nicht bei dem einen Ausflug, da er erst seit kurzem in dieser Gegend wohnte und ich auch noch nicht viel gesehen hatte. Wir waren jeden Sonntag zusammen, und in der Woche trafen wir uns abends. Renate schlief dann schon, und wir tauchten bei schöner Musik ins Land einer großen Liebe und Harmonie. Da konnte es nicht ausbleiben: Ich wurde schwanger. Wieso ging das so schnell? Aber ich dachte, wenn zwei Menschen sich so lieben, soll es so sein. Ich war 29 und er 35. Als ich es freudig meinem Schatz mitteilte, war er gar nicht so begeistert, wie ich es mir vorgestellt hatte. Er hatte nämlich versäumt, mir zu sagen, dass er verheiratet ist und einen 14jährigen Sohn hat. Ich musste mir aber auch vorwerfen, dass ich nicht gefragt hatte. Wir hatten uns so viel anderes zu erzählen. Trotz meiner 29 Jahre war ich sehr arglos; ich konnte mir so etwas auch gar nicht vorstellen. Er sah einfach nicht so aus. Ich war natürlich sehr betroffen, er aber war verzweifelt.

Für mich war nach dem ersten Schock die Sache klar: Ich wollte das Kind, und ich wollte seine Ehe nicht zerstören. Obwohl ich mich fragte: was führen diese für eine Ehe? Wir trafen uns noch ein Mal. Immerhin hat er seiner Frau die Situation gebeichtet. Sie rief mich daraufhin an, war sehr aufgebracht, aber ich konnte sie beruhigen, indem ich ihr sagte, von mir habe niemand etwas erfahren und ich wolle ihre Ehe nicht auseinanderbringen. Auf der einen Seite war ich wohl traurig, doch zugleich freute ich mich, denn ich hatte ein Pfand unserer Liebe. Keiner ahnte etwas von meinem Geheimnis. Für den Vater meines Kindes empfand ich Mitleid.

Im sechsten oder siebenten Monat fühlte ich mich doch verpflichtet, meinen Chef darauf vorzubereiten, dass ich demnächst ein Baby erwarte und eine Weile ausfalle. Es würden sechs Wochen vor und sechs Wochen nach der Entbindung sein. Er fiel aus allen Wolken und meinte, das hätte ja noch eine ganze Weile Zeit. Ja, wenige Wochen -- er wollte es erst glauben, als ich ihm meinen Bauch zeigte. Viel Staat konnte ich damit nicht machen, das musste ich zugeben. Vorsichtig und umständlich versuchte er mit mir zu reden. Ich wusste schon ungefähr, was er wissen wollte und sagte, dass ich alleine bleiben und nach der Entbindung gern hier weiter arbeiten würde. Bei der Gelegenheit fragte ich, ob ich die Drei-Zimmer Eisenbahnerwohnung ganz in der Nähe bekommen könnte. Ich wusste, dass er mich mochte, und er versprach mir die Wohnung, wenn ich die 90 Mark Miete würde zahlen können. Das war für mich kein Problem. - Wieso kam ich eigentlich so gut mit meinem Geld zurecht?

Die Wohnung war freundlich und hell, lag am Hang mit schöner Aussicht, und ich war sehr stolz. Als bekannt wurde, dass ich ein Kind erwarte, ging ein großes Rätselraten los: Wer ist der Vater? Aber keiner wusste etwas, und so legte sich das Gerede. Mein Mutterschutz hatte begonnen, und ich konnte noch in Ruhe meinen Umzug bewältigen. Jetzt war mein Bauch auch nicht mehr zu übersehen. Man hat mich beim Umziehen nicht allein gelassen. Es ging in den Nachbarort; beide Orte waren zusammengewachsen. Beide waren Eisenbahnerorte, jeder kannte jeden. Ich ging meinen Weg, bekam alles auf die Reihe und spürte, dass die Menschen um mich herum mich mochten. Es imponierte, wie ich mein Leben meisterte.

In letzter Minute hatte ich es geschafft, noch meine Ofenrohre zusammen zu stecken und zu montieren, sonst hätte ich in einer kalten Stube gelegen. In die Klinik wollte ich zur Entbindung nicht, um meine

Tochter nicht allein lassen oder unter fremde Aufsicht geben zu müssen. Also musste ich mich nach einer Hebamme umsehen. Es gab eine, eine alte Frau, die, obwohl eine Hausgeburt ungewöhnlich war, zu mir kommen wollte, wenn es so weit war. Als an einem Nachmittag eine Nachbarin mich besuchte, machten sich Wehen bei mir bemerkbar. Das nächste Telefon war auf meiner Arbeitsstelle. Dort lief sie hin, um die Hebamme zu rufen. Manche Kollegen hatten mich mittags noch im Ort mit dem Fahrrad fahren sehen. Jetzt stellten sich die Kollegen an, als wären sie alle zusammen Väter meines Kindes. So erzählte es mir die Nachbarin. Nach einer Stunde kam die Hebamme, die Nachbarin musste wieder nach Hause.

Da es Abendbrotzeit war, deckte ich den Tisch, und wir drei, Renate, die inzwischen vorn Spielen heimgekommen war, die Hebamme und ich, ließen es uns schmecken, Die Hebamme hatte einen gesegneten Appetit. Auf das Versprechen hin, dass morgen früh ein Geschwisterchen da sein würde, ging Renate brav ins Bett. Nachdem ich die Küche wieder aufgeräumt hatte, wurde es ernst. Das Abendbrot, das mir so gut geschmeckt hatte, musste als erstes daran glauben. Die Hebamme hatte es vorhergesehen. Bald aber meinte sie, dass sie es nicht allein schafft und schickte jemand aus dem Erdgeschoss los, den Arzt zu holen. Wir hatten nur den einen; er war immer sehr nett. Jetzt wurde die Hebamme, die vorher sehr nervös gewesen war, ruhiger. Alles ging glatt, und um 22,15 Uhr war meine kleine Tochter da. Und wie sie da war! Kaum auf der Welt, stemmte sie sich auf ihren Ärmchen hoch und wäre beinahe weggerollt. Der Arzt sagte: „Passen Sie auf, die haut uns ab!" Ich dachte: Das kann ja heiter werden.

Der Arzt ging, die Hebamme packte noch ihre Tasche. Die Nachgeburt sollte ich entsorgen. „Wie?" fragte ich ratlos. Ja, früher hätte man sie dem Heizer auf der Lok gegeben. So begleitete hier die Eisenbahn das

Leben der Menschen. Als sie meinte, das Auto ihres Sohnes zu hören, der sie abholen wolle, versprach sie, am nächsten Tag noch mal zu kommen, wünschte mir „Gute Nacht" und ging. Nach einer Weile klingelte es. Da musste ich doch tatsächlich eineinhalb Stunden nach der Entbindung zwei Stockwerke hinunterlaufen und der Hebamme die Haustür öffnen, weil es doch nicht ihr Sohn war, Zehn Minuten später kam er; der Arzt hatte ihm den ungefähren Zeitpunkt gesagt. Ich war müde. Vor allem die Treppen hatten mir den Rest gegeben. Das war ja doch alles anstrengend.

Ich habe tief und fest geschlafen, bis meine große Tochter zur Tür hereinkam. Sie blieb ängstlich an der Tür stehen und traute sich nicht, zu fragen, ob es ein Junge oder ein Mädchen sei. Sie hatte, wie sie mir später erzählte, vorm Schlafen lange den lieben Gott gebeten: Lass es bitte ein Mädchen werden! Ich sagte: „Komm nur herein, es ist ein Mädchen." Renate, die völlig verkrampft an der Tür gestanden hatte, verwandelte sich. Ein schwerer Stein fiel ihr vom Herzen, das Gesicht erstrahlte in großer Freude, sie schwebte zu mir und umarmte mich. Ich habe nicht geahnt, wie sehr meine Große sich eine Schwester gewünscht hatte. Ich hätte gern einen Christian gehabt, jetzt ist es eine Christine. Renate sollte schon ein Richard werden. Aber ich bin dankbar, denn wir sind alle gesund und ich bin glücklich.
Wir frühstückten, und Renate ging in die Schule. Sie hatte wegen des Umzuges die Schule wechseln müssen. Leider galt in ihrer ersten Schule die Wortmethode, in ihrer jetzigen die Satzmethode. Es war die Zeit der pädagogischen Experimente. Doch sie schaffte den Übergang besser, als ich dachte. Am Vormittag kam die Hebamme noch einmal, es war alles in Ordnung. Ich konnte mein Baby stillen. Eine Nachbarin schickte ihren großen Sohn jeden Tag zu mir, um mir Heizöl aus dem Keller zu holen. Am nächsten Tag konnte ich endlich die Nachgeburt

entsorgen: Ein gutes Feuer unter dem Waschkessel im Keller, und die in Zeitungspapier gewickelte Nachgeburt war entsorgt.

Im Haushalt machte ich zwar nur das Notwendigste, aber es war wohl doch ein wenig anstrengend. Ich bekam das, was man eine Traumfigur nennt - fand das toll. Zufällig traf ich im Ort den Vater meiner zweiten Tochter. Er schaute mich fragend, unsicher und verzweifelt an. Ich berichtete ihm kurz, dass ich eine Tochter geboren hatte, nannte ihm Tag und Uhrzeit. Da sagte er mir, dass er an dem Abend bis spät zu meiner Wohnung hinaufgeschaut und Licht gesehen habe. Er konnte sich nicht erklären, warum er das tun musste. Jetzt wussten wir beide, warum. Ich habe mein Kind angemeldet, ohne den Namen des Vaters anzugeben. Vier Wochen später teilte mir das Jugendamt mit, er habe sich bei ihnen als Vater meiner Tochter gemeldet. Ich habe ihn nicht mehr wiedergesehen. Christine hat uns später manchen liebenswürdigen Streich gespielt. Dies war ihr erster: gerade diese zwei Menschen zusammenzubringen, um durch sie diese Welt zu betreten.

Ich war eine stolze Mutter, und es stärkte mein Selbstbewusstsein, dass ich alles so gut im Griff hatte. Ich hatte einen schönen Kinderwagen gekauft und besuchte meine Arbeitsstelle. Der Inspektor wartete schon darauf, dass ich wieder anfangen konnte. Das ganze Haus hatte es auch dringend nötig. Aber die Zeit ging schnell, und ich war wieder wie gewohnt zur Stelle. Der Inspektor hatte einen Raum übrig, wo ich mich mit dem Baby zurückziehen konnte. Ich fing sehr früh an und ging, wenn die anderen ins Büro kamen, schnell nach Hause. Renate war ja schon groß und hat mir geholfen, wo es ging. Wir frühstückten, sie ging in die Schule und ich mit Christine wieder zur Arbeit. Es hat sich ein Nachbar angeboten, den Kinderwagen runterzutragen.

Meistens stand sie im Garten des Werksgeländes, und wenn sie wirklich mal weinte, hörte es ein Mitarbeiter und sagte mir schnell Bescheid. Nur Gewitter durfte es nicht geben. Wenn es in der Nacht war, stand ich mit meinen Kindern auf. Der Kinderwagen befand sich mit meinen wichtigsten Sachen im Treppenhaus. Die Angst vor Gewitter und Fliegeralarm bin ich nie losgeworden. Es ist etwas, wogegen man sich nicht wehren kann.

Als Christine fünf Monate alt war, wurden wir alle krank. Renate und ich lagen mit hohem Fieber im Bett. Eine Nachbarin rief den Arzt. Er kam zur Tür herein, ich war gerade im Begriff, Christine die Flasche zu geben, als mir schwarz vor Augen werden wollte. Der Doktor schaute sich uns an und stellte einen grippalen Infekt fest. Er sagte: „Jetzt lasst mich mal euer Baby ansehen." Bei ihr stellte er eine Lungenentzündung fest und wies sie ins Krankenhaus ein. Man hatte mir mein Baby fortgenommen! Ich machte mir große Sorgen und dachte, das muss wohl so sein, damit einem nicht zu wohl wird. Als es mir wieder besser ging, bin ich so oft wie möglich ins Krankenhaus gefahren. Meine Arbeit und Renate waren ja auch noch da. Nach zwei Monaten konnte ich Christine, sehr geschwächt, wieder nach Hause holen. Wie froh war ich, sie wieder zu haben!

Eines Tages kam meine Große aus der Schule und eröffnete mir: „Mutti, wir sollen Mainzelmännchen malen." Ich sagte ihr: „Renate, das heißt nicht „Mainzelmännchen", sondern „Heinzelmännchen" - mit H!" Sie bestand auf ihrer Version, wir debattierten eine Weile, bis ich endlich darauf kam: Sie sollte tatsächlich „Mainzelmännchen" malen. Ich konnte es nicht fassen. Am nächsten Morgen begleitete ich sie in die Schule, erwischte den Lehrer noch vor Unterrichtsbeginn und bat ihn um ein Wort. Ich würde mein achtjähriges Kind nicht vorm Fernseher sitzen lassen, und es gäbe doch so schöne Heinzelmännchen-Geschichten ach, ich war so wütend, wie ich mich gar nicht kannte. Das dauernde Fernsehen meines Ex-Mannes war sogar einer der Scheidungsgründe gewesen, und es war damals auch nicht selbstverständlich, dass in jeder Familie ein Fernseher stand. Der Lehrer stand ganz betroffen zu mir und sagte, es tue ihm leid, und er habe sich das wohl nicht richtig überlegt. Nachdem ich meiner Empörung Luft gemacht hatte, ging es mir besser.

Meine kleine Tochter erholte sich gut, sie wurde wieder kräftiger, und es war Sommer. Zu unserem Haus gehörte außer einem Garten auch eine Wiese, wo ich sie, so oft es ging, auf einer Decke spielen ließ. Da ich nie ausging und keinen „Freund" hatte, fragte sich der eine oder andere, wie ich wohl zu dem Kind gekommen wäre.

Auf meiner Arbeitsstelle gab es einen für meine Begriffe schon etwas älteren Lokomotivführer, der ab und zu auch da übernachten musste. Er war eigentlich ein stattlicher Mann, und wenn wir uns begegneten, grüßte er immer freundlich. Er war Witwer und hatte in der Nähe von Heidelberg ein eigenes Haus. Eines Tages erzählte mir ein Kollege, dass dieser Lokomotivführer mich heiraten wolle. Ich fand das sehr merkwürdig, denn mir gegenüber hatte er sich noch nicht geäußert. Doch ich brauchte nicht lange zu warten, bis sich eine Gelegenheit ergab, ihn zu fragen, warum er solche Sachen erzählte. Da sagte er mir, er meinte es wirklich ernst. Er habe erfahren, dass ich mit meinen zwei Kindern allein lebte. Er selbst habe keine Kinder, und er würde sich freuen, wenn er nicht mehr allein in seinem Haus wäre. Außerdem brauchte ich nicht mehr zu arbeiten und könnte mehr Zeit für meine Kinder haben. Das hörte sich ja alles ganz vernünftig an, und der Mann war durchaus als gutaussehend zu bezeichnen. Ich konnte nichts an ihm aussetzen.

Trotzdem konnte ich mir ein Leben und auch Schlafen mit ihm beim allerbesten Willen nicht vorstellen. Ich sagte ihm dann auch klipp und klar, dass ich mit meinen Kindern allein bleiben wollte. Er war fassungslos. Auch von diesem Gespräch hat er mit Kollegen gesprochen, und die Frau unseres Werkmeisters, die ich gut kannte, fragte mich, als wir uns auf der Straße trafen, ob es denn wahr sei, dass ich Herrn K. einen Korb gegeben hätte. „Ja, das stimmt", sagte ich. Sie meinte, keiner könnte es begreifen, ich wäre doch versorgt gewesen, das wäre doch d i e Chance - „Was erwarten Sie?" Da wusste ich es auf einmal ganz genau. Ich sagte: „Wenn ich noch mal heiraten sollte, dann möchte ich einen Mann, der klüger ist als ich, der ein guter Vater für meine Kinder wäre und" - ich tippte mir auf die Brust - „da drin muss es stimmen." Da sprach sie, wohl auch ein bisschen zu sich selbst: „Nein, so etwas gibt es nicht." Mir selber kamen Zweifel, ob ich vielleicht zu viel erwartete. Aber dann musste ich eben alleine bleiben. Eine Versorgungsehe wollte ich nicht.

Ich war mir ganz sicher, dass meine Entscheidung richtig war. Beide Väter zahlten für ihre Kinder Unterhalt, der eine 80 Mark, der andere etwas mehr, und so kam ich finanziell gut zurecht.

Als meine Christine etwa ein Jahr alt war, bekam ich Besuch. Mein Bruder Harald mit seiner Frau. Sie hatten inzwischen ein drittes Mädchen, ein halbes Jahr jünger als Christine, und sie hatten ein Anliegen. Die Mieten in Stuttgart, wo sie lebten, waren sehr hoch, und die Wohnung war ihnen eigentlich sowieso zu groß. Ich könnte zwei Zimmer abhaben, Rosa, meine Schwägerin, könnte die Kinder versorgen, und ich könnte doch ruhiger meiner Arbeit nachgehen. Ich hielt große Stücke auf meine Schwägerin und traute ihr zu, auch meine zwei Kinder gut zu betreuen. Christine würde bald laufen, und ich wusste nicht, wie ich dieses sehr lebhafte Kind auf die Dauer während der Arbeit beaufsichtigen könnte. Vielleicht war uns wirklich allen geholfen. Kurz entschlossen willigte ich ein. Mein Chef gab die Genehmigung und schrieb mir eine Empfehlung an die Bundesbahndirektion Stuttgart.

Als ich mich dort als Putzfrau meldete, sagte der Personalchef. „Für Sie habe ich eine andere Beschäftigung. Wir brauchen noch eine Locherin." Damals geschah die Datenverarbeitung mittels Lochkarten. Ich hatte Bedenken, ob ich dazu taugte, aber der Personalchef meinte, man werde mich einweisen, und tatsächlich: In kürzester Zeit hatte ich den Bogen raus. Meine Finger liefen sicher und fehlerfrei über die Tasten, als wenn sie ihr Lebtag nichts anderes gemacht hätten. Bald konnte ich als Prüferin arbeiten.

Die Bundesbahndirektion war eine gute halbe Stunde von unserer Wohnung entfernt, und da ich den ganzen Tag eine sitzende Arbeit hatte, bin ich gern zu Fuß nach Hause gegangen. Bald merkte ich, dass ich fast nicht mehr die drei Stockwerke in die Wohnung schaffte. In der Hauptverkehrszeit hatte ich während der halben Stunde entsetzlich viel Abgase eingeatmet, die Abgase waren damals noch viel giftiger. Nein, das war keine gute Idee! Da bin ich dann doch lieber mit der Straßenbahn gefahren.

Meine Schwägerin hatte mit ihren drei und meinen zwei Kindern alle Hände voll zu tun. Einige Jahre zuvor waren wir mal bei meinen Eltern zu Besuch gewesen, mein Bruder mit seinen damals zwei Töchtern und ich mit meiner braven, ruhigen Renate. Meine zwei Nichten waren mir damals als rechte Rabauken erschienen, und ich habe gedacht: „Die könnten ja ihre Kinder wirklich ein bisschen besser erziehen." Aber jetzt, da meine Christine aus dem Babyalter heraus war, musste ich im

71

Stillen feststellen, dass ihr gegenüber die beiden von Harald fast noch Engel waren. Dabei war sie eigentlich nie böse oder ungezogen, sie hatte nur immer etwas vor. Dieses Kind zu beaufsichtigen, war nicht so einfach, und Rosa war zu bewundern, wie sie mit den fünf Kindern fertig wurde. Als sie nicht mehr im Laufstall war, sondern frei herumlaufen konnte und wollte, wurden auch die größeren Mädchen zum Aufpassen herangezogen. Einmal kam die knapp zweijährige Jüngste ganz aufgeregt zu ihrer Mutter: „Mama, komm schnell, die Christine will zum Fenster raus!" Die Wohnung lag drei Stockwerke hoch. Rosa rannte herbei und erwischte das Kind gerade noch an den Füßen. Sie schrie sie an: „Das darfst du nicht, du fällst doch da runter!" Christine konnte das nicht erschüttern. Sie fand das interessant: „Dann kommt Pudzei mit Tatü-Tata..."

Meine Schwägerin war gerecht und behandelte alle Kinder gleich. Kochen war nicht ihre Stärke, und da ich gerne kochte, übernahm ich, so oft ich konnte, die Kocherei. Aber sie backte leidenschaftlich gerne und aß auch gerne Kuchen. Einen 10-Liter-Marmeladeneimer voll Plätzchen hatte sie lange vor Weihnachten gebacken. Wir waren ja auch viele Personen. Aber das hat sich nicht bewährt. Als die Adventszeit begann, musste sie noch einmal anfangen zu backen, weil sie selbst alles aufgenascht hatte.

In unserer Straße, wenige Häuser weiter, suchte eine große Versicherungsgesellschaft Prüferinnen für ihre Hollerith-Abteilung. So nannte man nach ihrem Erfinder die Lochkartenabteilungen. Ich bewarb mich und konnte, nachdem ich bei der Bundesbahn gekündigt hatte, dort anfangen. Das war natürlich wegen des kurzen Weges zur Arbeitsstelle für mich sehr angenehm.

Bei einer Routineuntersuchung durch den Frauenarzt riet er mir zu einer Verschorfung am Muttermund. Es wäre keine große Sache, er würde es zusammen mit einem Narkosearzt in seiner Praxis machen, und ich könnte anschließend wieder nach Hause gehen. Nach dem Eingriff war zunächst alles in Ordnung, ich hatte keinerlei Beschwerden. Nach acht Tagen aber bekam ich plötzlich starke Blutungen, ohne Schmerzen, das Blut lief einfach so aus mir heraus. Ich erzählte es, etwas ratlos, meinem Bruder, und er entschloss sich, da der Arzt am Wochenende nicht erreichbar war, mich auf dem schnellsten Wege ins Krankenhaus zu fahren. Mit viel Mühe brachte man die Blutung zum Stillstand. Da ich sehr viel Blut verloren hatte, musste ich für eine Weile im Krankenhaus bleiben. Jetzt war ich dankbar, dass meine Kinder bei meiner Schwägerin gut aufgehoben waren. Der Wechsel nach Stuttgart war richtig gewesen.

Als meine Mutter von meinem Pech erfuhr, reiste sie von Dithmarschen nach Stuttgart, um mich zu besuchen. Sie meinte, dass sie Christine, die jetzt zweieinhalb war, gern für eine Weile zu sich nehmen würde, Ihr wäre es eine Freude und für Rosa eine gewisse Entlastung. Etwas halbherzig sagte ich zu. Ein bisschen war es eine Überrumpelung, denn ich fühlte mich noch sehr schwach. Als ich nach einiger Zeit wieder zu Hause war, waren noch vier Kinder bei uns, aber Christine fehlte mir sehr.

Überhaupt fühlte ich mich ein wenig einsam. Ich hatte zwar nette Kolleginnen, aber die meisten waren verheiratet. Meine Schwägerin riet mir, doch hin und wieder auszugehen, jetzt, da Christine nicht da war. Aber in einer großen Stadt, in der mir auch das soziale Umfeld fehlte, konnte ich nicht einfach so ausgehen. Da sagte Rosa zu mir: „Du musst selbst etwas unternehmen; setz doch eine Bekanntschaftsanzeige in die Stuttgarter Zeitung." Also dafür konnte ich mich nun gar nicht begeistern. Doch sie ließ nicht locker, und so bestellten wir beide eine Anzeige: „Gut aussehende Angestellte, 33 J., sehnt sich nach Liebe und Geborgenheit." So stand es am Wochenende im Blatt.

Ich ließ etwa zehn Tage verstreichen, bevor ich mich traute, bei der Anzeigenannahme unter meiner Chiffrenummer nachzufragen. Die Frau dort war sehr freundlich und wollte mal nachsehen. Ich sehe mich noch da stehen, es war mir furchtbar peinlich, am liebsten wäre ich weggelaufen. Aber meine Füße waren wie Blei, und ich musste mit ansehen, wie ihre Finger flink die vielen Briefumschläge, die in einem Karteikasten standen, durchblätterten. Ob sie wohl noch einen Brief für mich findet? In dem Augenblick zog sie den ganzen Packen Briefe, den sie abgegriffen hatte, heraus, steckte ihn in einen großen braunen Umschlag und gab ihn mir. ich war ziemlich verdattert, nahm den Umschlag entgegen, meine Füße bewegten sich wieder, und ich entfernte mich schnell.

Es war nicht weit nach Hause, und atemlos überreichte ich Rosa den Packen. Es waren 80 Zuschriften. Wir setzten uns gemeinsam an einen Tisch und versuchten, die Briefe ein wenig zu sortieren. Es waren nur ganz wenige, die nicht in Frage kamen. Die meisten hatten sehr nett geschrieben. Ich griff mir zwei heraus, deren Wohnort nicht zu weit entfernt lag; die Stuttgarter Zeitung hat ein großes Verbreitungsgebiet. Der erste bekam einen Brief, der andere, der in Frage kam, hatte eine Telefonnummer. Mit beiden vereinbarte ich ein Treffen. Mit der Telefonnummer wollte ich mich in Stuttgart treffen. Er beschrieb mir als Treffpunkt ein Lokal, nannte aber leider für das Lokal einen falschen Namen. In dem beschriebenen Lokal war kein alleinsitzender Herr mit Bart. Also ging ich wieder vor die Tür. Da stand ich nun. Ein offensichtlich eiliger Herr wollte an mir vorbei - mit Bart -, da fragte ich schnell, ob es sein könne, dass er mit mir verabredet sei. Ja, es war der richtige. Die Verwechslung des Lokalnamens war schnell aufgeklärt, wir fanden einen angenehmen Tisch und bestellten uns etwas Gutes zum Essen.

Es war der Richtige. Das gab es also doch, wovon die Werkmeistersfrau ein wenig resigniert gemeint hatte, dass es das nicht gäbe. Knapp 35 Jahre umfasst der Bericht, der hier schließt. Es folgen 35 Jahre mit diesem Menschen; doch das ist jetzt ein neues Kapitel.

Zweiter Teil

Eine große Liebe

Noch immer war es seltsam: Was mag er nur von mir denken? Was für einen Eindruck mache ich? Merkwürdigerweise entwickelte sich schnell eine lebhafte Unterhaltung. Er brachte mich dazu, viel von mir zu erzählen. Auch er erzählte von sich. Es war sehr angenehm, sich mit ihm zu unterhalten. Er gefiel mir sehr, nur wusste ich gar nicht, was genau es war. Seine schlanke Erscheinung, ein schmales Gesicht mit Kinnbart, der gut zu ihm passte, und schöne blaue Augen. Ja, und seine Hände: Gut geformt, dabei kräftig, ohne derb zu wirken. Ich stellte mir vor, von diesen Händen berührt zu werden. Abwarten!

Er hatte studiert, Kunstgeschichte, Germanistik und Philosophie, wie er mich wissen ließ, aber das konnte mich nicht schrecken. Seine Frau war gestorben, Kinder hatte er keine. Sieben Jahre älter als ich war er. Ich sagte ihm, dass ich sehr viele Zuschriften auf meine Anzeige bekommen hätte. Morgen wollte ich mich mit einem anderen Herrn treffen. Es war ein harmonischer Abend, und er bot an, mich in seinem Auto nach Hause zu fahren. Wir wohnten in einer langen, ansteigenden, typischen Stuttgarter Straße, die ich ihn hinauf und herunter fahren ließ. Erst beim dritten Mal veranlasste ich ihn, anzuhalten, und er brachte mich dann auch zur Haustür. Vom Klingelschild las er den für die deutsche Zunge etwas schwierigen polnischen Familiennamen meines Bruders, der ja mein Mädchenname war, ohne Stocken in richtiger Aussprache ab: „Dann sind Sie also eine geborene L." Wir haben aber kein weiteres Treffen vereinbart.

Am anderen Abend traf ich den nächsten Kandidaten. Von diesem Treffen weiß ich nicht mehr viel. Sympathisch war er mir auch, gut unterhalten haben wir uns ebenfalls, aber der gestrige Abend stand in meiner Erinnerung. Da waren Gefühle in mir gewesen, die am heutigen Abend überhaupt nicht vorstellbar waren. Als ich bemerkte, dass dieser Herr sich in etwas hineinsteigerte und ich Begeisterung bei ihm spürte, die ich nicht erwidern konnte, sagte ich ihm schließlich ehrlich, dass er sich keine Hoffnung machen sollte. Er war nicht so leicht zu überzeugen und bat um ein weiteres Treffen. Doch ich lehnte ab. Er war enttäuscht. das tat mir leid aber ich konnte es nicht ändern.

Am nächsten Tag bekam ich einen Brief von der ersten Verabredung, der noch am Abend unseres Treffens geschrieben worden war. Beim Lesen stellte sich dann heraus, dass auch sein Inneres aufgewühlt zu sein schien. Dieser Brief hat mich sehr glücklich gemacht. Sollte es so sein, dass von 80 Zuschriften die erste mein Schicksal war? Er hat, mich am nächsten Abend besuchen zu dürfen. Da er direkt von seiner Arbeitsstelle kam, bot ich ihm einen kleinen Imbiss an, darunter auch Tomaten und dazu geschnittene Zwiebeln. Die Zwiebeln blieben liegen. Renate war schon schlafen gegangen, und wir machten es uns gemütlich. Aber nicht lange. Es zog uns zueinander wie Magneten. Seine sanfte Zärtlichkeit, gepaart mit Leidenschaftlichkeit erzeugte in mir ein nie gekanntes Glücksgefühl. Wie war das nur möglich?!

Da er ein gewissenhafter und korrekter Mensch war, wollte er so schnell es ging für geordnete Verhältnisse sorgen. Für ihn war an diesem Abend klar, dass er mich heiraten wollte, bei mir hat es zwei Tage länger gebraucht. Erst. nachdem er seine Absicht kundgetan hatte, konnte und musste ich ja nun auch meine zweite Tochter erwähnen. Er sagte: „Die Kleine holen wir, sobald wir geheiratet haben."

Vier Wochen später, an einem Freitag, dem 13. haben wir geheiratet. Er hatte eine schöne große Neubauwohnung auf dem Lande. Wir hatten die Absicht, uns kirchlich trauen zu lassen, aber der Pfarrer wollte mich vorher auf „Ehetauglichkeit" prüfen. Das war mir dann doch zu viel des Guten, und ich weigerte mich. Es wurde eine schöne standesamtliche Trauung. nur mit ein paar Freunden von Joachim. die als Trauzeugen fungierten. Nach einem Imbiss sind wir beide auf Hochzeitsreise gefahren. Renate blieb noch so lange bei Rosa. Joachim hatte einfach alles perfekt organisiert. An wen war ich geraten?!

Wir fuhren mit seinem großen Citroen ins Tessin. Hinter dem deutschen Grenzposten überraschte er mich mit einem reichhaltigen Picknickkorb. Das Wetter war herrlich, ein warmer Oktobertag. die in der Sonne leuchtende Herbstfärbung tauchte uns in eine fast unwirkliche Welt. Hinter dem deutschen Grenzposten waren wir einen Feldweg hinein und bis zum Waldrand gefahren, ohne zu bemerken, dass wir den 100 Meter entfernten Schweizer Posten noch nicht passiert hatten. So wurden wir dort höflich aber bestimmt gebeten, doch künftig nicht zwischen den Grenzposten zu rasten.

Im Lago Maggiore haben wir gebadet, allerdings war das Wasser sehr, sehr kalt. Es hat uns gut*getan* und unser Blut ein bisschen abgekühlt. Das Gasthaus, in dem wir Quartier nahmen, war romantisch an einem Gebirgsbach in einem engen Tal gelegen. Innen brannte ein behagliches Kaminfeuer. Mir scheint, es war nur für uns dort hingestellt und ist dann später wieder verschwunden. Wir verbrachten einen Urlaub, der die Welt um uns vergessen ließ. Zumal es für mich überhaupt der erste Urlaub im eigentlichen Sinne war. Bisher hatte Urlaub für mich darin bestanden, dass ich meine Eltern besuchte. Joachim hatte eine schwere Zeit hinter sich. hatte er doch seine junge Frau durch Leukämie verloren.

Dass jemand plante und organisierte, das war für mich eine ganz neue Situation. Mir wurde bewusst, dass ich von frühester Jugend an sehr auf mich allein gestellt war. Wieder daheim holten wir als erstes meine Sachen aus Stuttgart. Außer für die Kinder brauchte ich von meinem Hausstand nur so viel mitzunehmen, um den seinen, der im Übrigen ziemlich komplett war, zu ergänzen. Anschließend fuhren wir zu meinen Eltern nach Schleswig-Holstein. Sie waren sehr gespannt und erwarteten uns mit gemischten Gefühlen. Joachim versuchte es mit ein paar Worten Platt aus seiner Hamburger Zeit, das klang aber nicht so echt und wurde mit Vorbehalt aufgenommen. Christine sollte ihren neuen Papa testen und wurde auf seinen Schoß gesetzt. Sie war gerade drei und blickte eine Weile in sein Gesicht. Das erste Wort, das sie laut und deutlich sagte, war: „Löwe". Einen Bart hatte sie bis dahin an einem Mann nicht gesehen. wohl aber an einem Löwen. Wir fanden das lustig, und das Eis war gebrochen. Als wir sie dann vor der Tür mit ihrer türkischen Freundin plappern hörten, sprach sie türkisch. Ob es ein Türke verstanden hätte, sei dahingestellt., aber es hörte sich so an.

Meine Eltern hätten Christine gern noch behalten, aber ich war froh, sie wieder bei mir zu haben. Sie hatte es dort sehr gut gehabt, aber die wiederholten Umstellungen waren für sie fast ein bisschen zu viel. Sie musste sich mit ihren drei Jahren nun wieder in eine völlig andere Lebenslage eingewöhnen. Und noch jemand trauerte ihr nach. Das war der Hund meiner Eltern. ein Spitzbastard. Er und Christine waren ein Herz und eine Seele, und nun, da sie nicht mehr da war, lief er ständig weg und suchte sie. Als meine Eltern uns von der Trauer des Hundes Jäcki berichteten, beschloss Joachim, noch einmal die Tour zu fahren um den Hund zu holen. Nun waren wir komplett. Christine und ihr Hund Jäcki waren wieder unzertrennlich. Als die beiden mal wieder auf der Wiese vorm Haus unter dem dicke Birnbaum spielten, hörte ich Jäcki quieken. Ich ermahnte Christine, sie solle ihm nicht wehtun. Kurze Zeit darauf höre ich wieder quieken, schaue aus dem Fenster, da ruft sie mir schon entgegen: „Ich habe nichts gemacht. Jäcki hat sich gestoßen, ganz allein, am Baum."
Sie war so schlagfertig! Doch das viele Hin und Her muss ihr mehr

ausgemacht haben, denn nachdem sie schon trocken gewesen war, machte sie nachts wieder ihr Bettchen nass. Vertrauensvoll ging ich mit ihr zu einer Kinderärztin. Sie bekam ein Medikament, einen Saft, und das Bett war trocken. Wurde der Saft abgesetzt, ging es wieder los. Also bekam sie den Saft. und alles schien in Ordnung.

Renate, die schon in Stuttgart auf eine weiterführende Schule gewechselt war - das hieß nun Realschule, nicht mehr Mittelschule -, musste die Schule wechseln. Sie stellte fest: „Ich kriege den Anschluss nicht, sie sind hier weiter als in Stuttgart." Zudem hatte man bei der Verlegung des Schuljahrwechsels von Ostern auf Herbst ein Kurzschuljahr eingelegt. Ich bat die Schule, sie ein Jahr zurückzuversetzen. Nein, das sei nicht üblich, sie solle das Schuljahr beenden und dann sitzen bleiben. Das konnte ich überhaupt nicht nachvollziehen und ließ nicht locker, bis ich mein Ziel erreicht hatte. Sie lernte gut und kam bis zum Abschluss auch immer gut mit. Als ich sie einmal lobte, sagte sie: „Ich kann doch Papa keine Schande machen." Für beide Mädchen war Joachim sofort der „Papa", und er entpuppte sich als ein wunderbarer Vater. Ich fragte mich: „Womit habe ich das verdient?"

Als er mir die Höhe seines Einkommens nannte, war ich überrascht. Es kam mir sehr viel vor, doch bald habe ich gemerkt, dass ein großes Auto, hohe Miete, einfach ein höherer Lebensstandard auch mehr kosten. Auch waren noch Arztkosten zu bezahlen. Ich war froh, in meiner Krankenkasse geblieben zu sein, während er privat versichert war. Später hat er das dann auch geändert.
Seine Eltern wohnten in München und kamen zu Besuch. Natürlich hatten sie die größten Vorbehalte: Von wem hatte sich ihr Sohn da einfangen lassen - eine wie ich, geschieden, mit zwei Kindern! Aber sie

ließen sich nichts anmerken. Mir waren sie sogleich sympathisch. weil ich spürte, dass sie ehrlich in ihrem christlichen Glauben lebten. Meine Schwägerin war da anders. Die kannte mich zwar noch gar nicht - sie lebte auch in München -, aber sie hat immer wieder versucht mir das Leben schwer zu machen. Als zu Weihnachten von ihr ein Päckchen kam, freute sich Joachim und wollte es am Weihnachtsabend mit den Kindern öffnen. Ich sagte ihm: „Mach dir keine Hoffnung, deine Schwester ignoriert deine Familie." So war es auch. Er war darüber traurig; das Päckchen diente nur dazu, mir weh zu tun. Dass sie damit ihren Bruder mehr traf als mich, dafür fehlte ihr offenbar die Einsicht

Da unsere Hochzeitsreise nur kurz gewesen war, wollte Joachim mit mir und Christine eine Urlaubsreise machen. Wir kauften uns ein kleines Hauszelt und wollten Camping machen. Jugoslawien war unser Ziel. Auf der Halbinsel Istrien fanden wir einen schönen Campingplatz. Dachten wir! Er war auf einer Landzunge, die ins Meer ragte. Zelten war für uns beide neu, wir fanden es spannend. Am anderen Morgen beobachteten wir neue Zeltnachbarn. Sie hatten ein weißes, orientalisch anmutendes Pagodenzelt mit mehreren Türmchen. Ich bewunderte es maßlos, wusste nicht, dass es so etwas überhaupt gibt. Wir mit unserem niedrigen Drei-Personen-Hauszelt kamen uns sehr bescheiden vor. In der Nacht fegte ein schwerer Sturm über unseren Platz. Wir hörten Geschrei und auch das Reißen von Zeltbahn. Draußen war die Hölle los, alles Mögliche flog durch die Luft. Wir hielten uns an den zwei Mittelstangen fest. Da der Sturm vom Land kam, hatte ich große Angst, wir würden ins Meer fliegen, denn zum Wasser hin gab es keinerlei Schutz. Der Sturm war kurz und heftig. Nachdem der Platz verwüstet war, zog er weiter.
Wir schliefen noch ein wenig und trauten uns erst bei Tageslicht hinaus. Das prächtige Pagodenzelt, das ich am Tag vorher so bewundert

hatte, war in Streifen zerfetzt, auch andere Zelte waren zerrissen. Uns war nichts passiert, und da wir draußen nichts herumstehen hatten, ist uns auch nichts weggeweht.

Da kein Badewetter war, machten wir einen Ausflug. Wir schauten uns Sehenswürdigkeiten an und waren bis nach Pula gefahren. An der Spitze von Istrien entdeckten wir einen wunderschönen Campingplatz in einem Pinienwald. Wir staunten. Da der Platz wenig belegt war, beschlossen wir, hierher überzusiedeln. Joachim schlug vor, schnell allein zurückzufahren und das bisschen Zelt ins Auto zu schmeißen. Ich und Christine sollten auf dem Platz, den wir uns ausgesucht hatten, warten. Wir hatten uns noch nicht einmal bei der Rezeption angemeldet. Ich legte eine Decke auf den Waldboden, und wir machten es uns gemütlich. Etwas Naschsachen und zu Trinken hatten wir auch.

Leider hatte Joachim sich gänzlich verschätzt, was Zeltabbau, Packerei und Fahrzeit betraf. Es wurde Abend, und es wurde dunkel. Meine kleine Tochter schlief auf dem Waldboden. Ich machte mir, zwar nicht gleich, aber als es immer später wurde, doch Gedanken. Warum nur dauerte es so lange?! Um Mitternacht kam ein Auto. und endlich war Joachim wieder bei uns. Im Scheinwerferlicht bauten wir unser Zelt auf und krochen in unsere Schlafsäcke. Im Nachhinein fand ich dieses Unternehmen doch ein bisschen leichtsinnig: mit einem kleinen Kind, ohne Geld, ohne Ausweise, in einem fremden Land. Joachim kannte nicht einmal den Namen des Campingplatzes. Aber der schöne Platz hat alles wieder wettgemacht. Und wir wollten ganz bestimmt unseren Urlaub künftig wieder hier verbringen.

Bald hatte ich ein ganz anderes Problem. Wir bewohnten die Wohnung im ersten Stock eines Zweifamilienhauses. Der Sohn des Hausbesitzers, eines alteingesessenen Bauern, begann, über uns das

Dachgeschoss auszubauen, um dort mit seiner jungen Frau und einem kleinen Kind selbst einzuziehen. Da wurde geklopft und gehämmert, immer wieder bis spät in die Nacht. Eines Abends nach 23 Uhr - wir schliefen schon - sah Joachim sich veranlasst, nach oben zu gehen. Er sagte: „Wir schlafen!". Daraus entstand im Dorf ein Gerede: „Was wollen die denn? Das sind doch nur Mieter!" Eine solche Einstellung scheint bei schwäbischen Häusle Besitzern verbreitet zu sein. Für mich gab es nur den Weg, einen Wohnsitz zu suchen, wo ich dem nicht ausgesetzt sein würde. Mein Mann stimmte zu. und wir fanden im Nachbarort ein freistehendes Haus.

Es war ein geräumiges, zehn Jahre altes Haus, schon siebenmal vermietet. So sah es auch aus. Wir sagten den Vermietern, wir suchten etwas für die Dauer. Ja, genau das suchten sie auch. Ich fragte, zu welchem Zweck sie denn das Haus gebaut hätten. „Dass mr ebbes hennd" (damit wir etwas haben), lautete die Antwort. Da es schon ältere Leute waren, die in der Stadt eine Metzgerei betrieben, fragte ich: „Wollen Sie denn später, wenn Sie sich zur Ruhe setzen, hier wohnen?" Das wiesen sie weit von sich, nein, da hätten sie etwas anderes

Zu Silvester, wenige Tage vor meinem 35. Geburtstag, zogen wir ein. Es kam uns gerade recht, da ich schwanger war. Ich freute mich, mit meinem Mann noch ein Kind zu erwarten. Es gab in diesen Tagen viel Schnee, und Joachim schaufelte durch den weitläufigen Vorgarten einen Weg von der Straße zur Haustür frei. Christine war um ihn. Zumindest glaubte er das. Sie aber war mit ihren vier Jahren längst auf Erkundungsreise gegangen. Kaum war er wieder im Haus, da klingelte es an der Tür. Vor der Tür stand eine Frau mit Christine und Jäcki und berichtete, die Kleine habe bei ihnen geklingelt und gerufen: „Macht mal auf, ich find' nicht mehr heim." Sie war weit gelaufen, und es war dunkel. Die Leute konnten nur vermuten, dass es sich um die neu zugezogene Familie mit Hund handelte. „In der einen Hand die Arbeit, an der anderen das Kind", hatte schon meine Mutter gesagt, wenn es um Christine ging.

Jede freie Minute nutzte mein Mann, um alles, was im Haus beschädigt war oder klemmte, in Ordnung zu bringen. Alles wurde neu tapeziert. Wir hatten uns schöne Tapeten und Gardinen ausgesucht und dabei nicht aufs Geld geschaut, denn wir wollten es schön haben. Meinen Mann liebte ich jeden Tag mehr. Er konnte einfach alles, und ich bewunderte ihn. Wenn Christine etwas anstellte oder kaputt machte, sagte sie nur: „Papa macht heil." Renate erreichte vom neuen Wohnsitz aus mit dem Bus bequem ihre bisherige Schule.

Als es Frühling wurde, ging die Gartenarbeit los. Nebenher wurde für Christine ein kleines Holzhaus, in das sie hineingehen konnte, gebaut. Am Ostermorgen ist Joachim ganz früh aufgestanden und hat im Wald zwölf vorbereitete Osternester versteckt. Dann ist er wieder ins Bett gegangen. Wir ließen uns von den Kindern wecken, frühstückten am geschmückten Ostertisch und schlugen, weil so schönes Wetter war, einen Osterspaziergang vor.
Bei einer Fichtenschonung angelangt, entdeckte Renate ein Nest. Leise sagte sie: „Oh schau mal. hier haben Leute ein Osternest versteckt! Das dürfen wir nicht nehmen." „Nimm es nur, vielleicht findet ihr noch mehr." Christine war nicht mehr zu bremsen, Renate mit ihren zwölf Jahren hatte größte Bedenken: Wie konnte es sein, die Eltern waren doch heute Morgen noch im Bett gewesen, und über Nacht konnten die Nester da nicht gelegen haben; sie waren ja ganz trocken. Später habe ich es ihr erzählt, sonst hätte sie noch lange gerätselt. Joachim war am Zählen, bis alle Plätze gefunden waren. Für den Abtransport hatten wir vorsorglich Plastiktragtaschen dabei. Mein Mann war der

Beste.

In unserem Haus gab es drei Toiletten, auf jeder Etage eine. Das war für Christine ein Problem. Weil sie sich nie für eine der Toiletten entscheiden konnte, schrie sie jedesmal durchs Haus: „Mama, wo ist viel Papier?" Auf dem Nachbargrundstück wurden in einem Zwinger mehrere Schäferhunde gehalten. Eines Tages hatten sich die Hunde, es mögen vier gewesen sein, einen Durchgang verschafft und fielen über unseren Jäcki her, den wir an seiner Hütte angebunden hatten, während wir für kurze Zeit außer Haus waren. Christine kam gerade aus dem Kindergarten. Todesmutig griff sie Schottersteine aus der Auffahrt, bewarf damit die Hunde und schrie sie wütend an. Diese zogen sich tatsächlich zurück. Wir kamen hinzu, als sie weinend und Hilfe suchend auf die Straße lief.
Grausig zu denken, was hätte passieren können! Unseren schwer verletzten Hund haben wir vorsichtig auf eine Pappe geschoben und zum Tierarzt gefahren. Er war schlimm zugerichtet, doch er wurde gerettet, wohl auch dank seinem dichten, langen Fell. Als wir dem Nachbarn die Tierarztrechnung präsentierten, sagte er: „Da geht man doch nicht zum Tierarzt, da macht man Schnaps drauf."

Christine, dieses unglaubliche Kind, hatte in Joachim den richtigen Vater gefunden. Fast schon ein Ritual spielte sich in seiner relativ großen Bibliothek ab. Die Bücher waren im oberen Flur auf langen Regalen sorgfältig untergebracht. Christine hatte mindestens einmal am Tag Gelegenheit, die Bücher, die ja ungleich waren, so im Vorbeigehen hineinzustopfen. Es ging ganz automatisch. Joachim richtete dann die Bücher wieder aus. Auch automatisch. Auf Kleidung legte sie überhaupt keinen Wert. Als sie an einem Sonntag schon vor dem Frühstück ihr hübsches Hängekleid schmutzig hatte, wusch ich es schnell sauber und hängte es auf dem Balkon auf. Sie sollte erst wieder raus dürfen, wenn das Kleid trocken war.

Eine Weile später beobachtete ich meine kleine Tochter. wie sie das Kleid hin- und herbewegte. Es sollte doch schnell trocknen! Christine hatte einen hellblauen Baumwollanorak. Ich ermahnte sie, wenigstens einen halben Tag ein bisschen darauf acht zu geben. Eine halbe Stunde später klingelte sie an der Tür. Da stand sie vor mir, übers ganze Gesicht strahlend mit einer völlig verdreckten Katze im Arm (wir hatten Schneematsch) vor mir. Was kümmert uns der Anorak - mein Kind war glücklich.

Meine Schwangerschaft machte mir keine Probleme, nur konnte ich schon länger nicht mehr glauben, dass in meinem Bauch nur ein Baby sein sollte, so hatte mein Leibesumfang zugenommen. Möglicherweise hatte man sich mit dem Geburtstermin, der Anfang Mai liegen sollte, verrechnet. Da mein Mann Ende April Geburtstag hat, dachte ich mir, es wäre doch für ihn ein schönes Geburtstagsgeschenk. Aber der April ging herum, und ab Mitte Mai wurde ich allerdings sehr ungeduldig. Doch es half alles nichts, im Mai kam immer noch kein Baby.

Am 3. Juni frühmorgens meldete sich unser Sohn an. Mein Mann brachte mich in die Klinik und Renate in die Schule Wo aber war Christine? Höchstwahrscheinlich ein paar Häuser weiter bei ihrer italienischen Freundin. Ein sehr reifer Knabe", vermerkte die Hebamme. Er hatte den Aufenthalt im Mutterleib bis zum Letzten ausgekostet - ein Wesenszug, der ihm bleiben sollte. Renate fand es „toll", dass er bis zum 3. Juni gewartet hatte, denn ebenfalls am 3.Juli nur einen Monat später, war ihr eigener Geburtstag.

Sein Name. Wie konnte es nur sein, dass wir uns darüber nicht einig waren? Mein Mann war für „Lukas", denn das waren zugleich die ersten fünf Buchstaben meines Mädchennamens. Ich konnte mich nicht damit anfreunden Kein Mensch nannte damals sein Kind so! Joachim kam mit fertig gedruckten Geburtsanzeigen ins Krankenhaus. Er sagte zu mir: „Wenn dir der Name Lukas nicht gefällt - kein Problem -, lass ich neue drucken." „Na schön", sagte ich da, „soll er eben Lukas heißen." Wenige Jahre später wurde daraus ein Modename, was mich sehr verwunderte.

Als ich aus dem Krankenhaus nach Hause kam, war meine Schwiegermutter aus München bei uns - zum Glück nicht lange. Ein Neugeborenes sollte nach ihrer Meinung isoliert werden. Wenn Christine auch nur in seine Nähe kam, schrillten bei meiner Schwiegermutter die Alarmglocken. Christine konnte das begreiflicherweise überhaupt nicht verstehen. Sie war jetzt fast fünf Jahre alt, wir hatten sie auf ihr Geschwisterchen vorbereitet, und jetzt so etwas! Als wir wieder allein waren, konnten wir die Sache wieder ins Lot bringen. Wie war sie jetzt glücklich: sie durfte das Baby anfassen und auch mal in den Arm nehmen. Ein wenig später durfte sie ihn bei uns auf die Wiese legen, und stolz präsentierte sie ihren Bruder ihren Freundinnen. Sie liebte ihren Bruder, und Lukas erwiderte dankbar ihre Zuneigung. Diese zwei Kinder haben immer zusammengehalten und sich nie gestritten. Zugegeben, das lag wohl zum großen Teil auch an Lukas' ruhigem und freundlichem Wesen

Trotz Baby plante mein Mann einen Urlaub. Vielleicht nicht ganz bis nach Pula, aber in Österreich wollten wir Campingurlaub machen - das war auch für ihn noch relativ neu, aber mit drei Kindern erschien es ganz praktisch. Es wurde zu unserem Hauszelt noch ein Steilwandzelt angeschafft, Joachim fuhr im Auto mit Zelten und zwei Kindern voraus und fand am Attersee einen schönen Platz. Ich sollte dann am anderen Tag mit unserem zehn Wochen alten Baby per Bahn nachkommen.

Dann wäre alles in Ruhe fertig aufgebaut.

Ich erfuhr dann allerdings, dass es mit dem neu gekauften Zelt große Schwierigkeiten gegeben hatte. Aber was andere können, kann mein Mann schon lange. Es war auch eine Aufstellanleitung dabei. Das kleine Zelt für die beiden Mädchen ging ja schnell, aber das Steilwandzelt wollte und wollte sich nicht aufstellen lassen. Joachim war verzweifelt. Bis ein Zeltnachbar merkte, dass es so wohl nichts werden konnte. „Wenn Ihnen noch Zeltstangen fehlen … Ihre kleine Tochter spielt damit unten am See." Die Stangen ließen sich ja mit Wasser füllen und wieder ausgießen! Mein Mann war erleichtert.

Als Joachim mich am anderen Tag vom Salzburger Bahnhof abholte, lugte die Sonne nur zaghaft zwischen den Wolken hervor. Der Campingplatz war zwar wunderschön am See gelegen, die Gegend war herrlich, doch leider ließ sich die Sonne an den folgenden Tagen nicht mehr blicken. Es regnete, es nieselte, und ich hatte das Gefühl, in einer Wolke zu leben. Alles war feucht, einschließlich Kinderwagen samt Kissen. Eine Woche reicht! Auch mein Mann hatte ein Einsehen. Wir verbrachten dann den Rest des Urlaubs lieber in unserem schönen Zuhause.

Es stelle sich für uns die Frage: melden wir Christine für die Schule an, obwohl sie erst im Oktober sechs Jahre wird? Wir wagten es. Als ich sie am ersten Schultag abholte, umschwärmten sie vor der Schule andere Kinder und riefen: Christine ist die Jüngste, Christine ist die Dümmste!" Ich war entsetzt und fragte ein anderes Kind, wieso. „Ja, unsere Lehrerin hat gesagt, weil Christine die Jüngste ist, ist sie auch die Dümmste." Christine bestätigte es mir. Da war ich sprachlos. Es war eine junge Lehrerin, und ich hatte den Eindruck, als ich sie beim Hereinholen der Klasse beobachtete, dass sie Kinder überhaupt nicht leiden konnte. Nach dem, was ich später so hörte, war mein Eindruck gar nicht falsch.f

Christine haben wir ganz schnell aus der Schule wieder herausgeholt. Sie war ja jung und sollte lieber noch ein Jahr spielen. Unsere Renate, die mit dem Bus in ihre Realschule fuhr, erzählte uns von Kindern, die in dem gleichen Bus zu einer anderen Schule fuhren. „Die sind anders als wir." - Wie das? - „Ja, die freuen sich auf die Schule!" Sie selbst ging zwar mehr oder weniger gern in die Schule. aber die Begeisterung dieser anderen Kinder fand sie sehr erstaunlich. Es stellte sich heraus, dass es sich um eine Waldorfschule handelte. Als dort ein Tag der offenen Tür stattfand, machten wir uns kundig und waren sehr angetan. So meldeten wir Christine für das nächste Schuljahr dort an.

Was mag manchmal in Joachim vorgegangen sein? In Haus und Garten gab es nach wie vor viel Arbeit. Und in seinem Beruf wurde er als leitender Angestellter auch stark gefordert. Aber er war zäh und fleißig. Jeden Morgen machte er draußen seine Liegestütze. Das soll ihm erst mal einer nachmachen. Abends, wenn die Kinder schliefen, machten wir es uns gemütlich. Zu Weihnachten bekam mein Mann mancherlei Werbegeschenke. Auch Hochprozentiges war immer wieder dabei. Im Nachhinein finde ich das unverantwortlich, aber im Geschäftsleben war es damals Brauch. Da viele Flaschen in unserem Keller lagerten, erbarmte sich mein Mann. Er trank diese wunderbaren Tröpfchen aus großen Gläsern, dann braucht man nicht so oft nachzugießen. Die Flasche konnte man ein bisschen hinter den Sessel stellen, und so bekam ich gar nicht mit, wieviel im Laufe des Abends konsumiert wurde, zumal man meinem Mann nie Anzeichen von Trunkenheit anmerkte. So war denn unser Keller bald leer. Als ich dann feststellte, dass er schon zum dritten Mal in einer Woche eine kleine Flasche leckeres Tröpfchen in seiner Aktentasche heimtrug, kamen mir große Bedenken. Als ich ihn in einem günstigen Augenblick darauf ansprach, konnte er es zuerst selbst nicht glauben, wie groß sein Konsum war. Es zeigte sich aber, dass er darauf ansprechbar war, wenn es auch nicht einfach für ihn gewesen sein mag, doch er schaffte es den Alkoholkonsum zu reduzieren. Wir verzichteten sogar sonntags auf unser Gläschen Wein zum Essen. Kleine Rückfälle, die es sicher mal gab, hielten sich in Grenzen

Unser Zuhause wurde allmählich immer schöner, und unser Garten erregte Aufmerksamkeit: Zum einen züchtete mein Mann seltene Lilien, zum anderen bekam er von seinem Chef, der ein Irisfreund war, kostbare großblühende Iris geschenkt. Es war eine Pracht. Andererseits freuten wir uns auf unseren Urlaub, den wir alle zusammen in dem schönen Pinienwald bei Pula verbringen wollten. Unsere Ausrüstung wurde noch etwas vervollständigt; kaum zu glauben, was in unser Auto alles hineinging! Lukas war ein Jahr alt und brauchte ja auch noch eine Sportkarre. Unser Lukas bekam auf Reisen immer Durchfall, aber damit musste man leben. Da wir unsere Reiseroute kannten, sind wir gut, ohne Zwischenstopp und ohne Stau angekommen. Alle waren begeistert. Die Zelte standen im Halbschatten, den der Pinienwald spendete. Das Meer, direkt davor, lud jederzeit zum Baden ein. Unsere 14-jährige Renate hatte schnell eine Freundin gefunden.

Und unser Schutzengel war bei uns. Eines Tages kamen die Eltern von Renates Freundin zu uns und suchten ihre Tochter, die sie bei uns vermuteten. Die beiden Mädchen waren mit ihren Luftmatratzen zum Baden gegangen. Aber leider waren sie nirgends auffindbar. Jetzt waren wir alle in großer Sorge. Ein Zeltnachbar suchte mit dem Fernglas das Wasser ab. Hinter einer vorgelagerten Insel entdeckte er zwei kleine Punkte. Ein Motorbootbesitzer erklärte sich sofort bereit, nachzusehen. Bald kam er zurück mit zwei völlig erschöpften und leicht verstörten Mädchen. Sie waren mit ihren Luftmatratzen bis zur Insel gepaddelt. Das ging auch ziemlich schnell. Als sie aber zurückwollten, half alles Paddeln nichts, sie kamen gegen die Strömung nicht an und wurden immer weiter aufs Meer hinausgetrieben. Sie spürten ihre Arme nicht mehr. Uns Eltern wurde fast schlecht bei dem Gedanken, was hätte passieren können. Alle waren wir dem Schutzengel dankbar. Wieder zu Hause bekam ich ein kleines, neues Auto für mich allein. Meinen Führerschein hatte ich schon in Stuttgart gemacht - in weiser Voraussicht. Ich war sehr im Zweifel, ob wir es uns leisten konnten, doch da wir sehr ländlich wohnten, war die neue Bewegungsfreiheit für mich von großem Wert. Man musste mal mit den Kindern zum Arzt; Christine besuchte eine Ballettschule. Um uns herum lebten viele Kinder; da kam es auch schon mal vor, dass ich mit sechs oder sieben Kindern im Auto auf den Abenteuerspielplatz oder ins Schwimmbad fuhr.

Eines Tages kam ein Trupp Kinder, Christine an der Spitze, zu uns gelaufen. Sie war auf einen hohen Pfosten geklettert und rückwärts herunter auf die Straße gefallen. Am Kopf hatte sie eine ziemlich stark blutende Wunde. Es sah schlimm aus. Ihre langen blonden Haare waren voller Blut. So konnte ich mein Kind doch schnell ins Krankenhaus fahren! Sie war sehr tapfer, während mir schlecht wurde, als die Wunde versorgt wurde. f

Leider wurde mein Auto nur fünf Monate alt. Als ich an einem schönen Tag im Mai Christine von der Ballettschule heimfuhr, hatten wir beide großes Glück. An einer kurvenreichen Bergstrecke fuhr vor mir ein extrem langsames Auto, das auch noch vor jeder Kurve bremste. Eine längere Gerade wollte ich zum Überholen nutzen, doch als ich mit dem anderen Fahrzeug auf gleicher Höhe war, ging es nicht mehr weiter. Das andere Auto konnte schneller. Da kam auch schon der

Gegenverkehr den Berg herab - es krachte. Der Entgegenkommende lag im Graben, mein Auto war Schrott, doch wir beide waren heil geblieben, der Fahrer im Graben nur geringfügig verletzt. Ich hatte mich auf den Nebensitz geworfen, als mein Lenkrad auf meinen Sitz zuraste. Christine hatte auf dem Rücksitz gesessen.

Bei der polizeilichen Vernehmung am Unfallort hörte ich (was ich wohl eigentlich nicht hätte mithören sollen) die Fahrerin des Autos, das ich hatte überholen wollen, sagen: „Ja, ich habe Gas gegeben, als ich neben mir ein Auto fahren sah." Bei der späteren Gerichtsverhandlung wurde dieses Vernehmungsprotokoll verlesen mit dem erstaunlichen Wortlaut: "Meine Geschwindigkeit änderte ich nicht." Das, was ich gehört hatte, gab es nicht mehr. In einem privaten Gespräch mit einem Polizeibeamten erfuhr ich später, ja, das werde so gemacht. Nach der Niederschrift am Unfallort werde auf der Wache eine „Reinschrift" angefertigt mit dem Zusatz „Im Entwurf unterschrieben". Der Entwurf, in dem steht, was die vernommene Person wirklich gesagt hat, landet samt Unterschrift im Papierkorb. Ich nahm mir vor, nie mehr etwas auf der Straße zu Protokoll zu geben.

Mein Mann war von einem anderen Verkehrsteilnehmer freundlicherweise benachrichtigt worden - es war noch nicht das Zeitalter der Mobiltelefone und holte uns nach Hause. Das Auto war Vergangenheit. ich war einige Monate ohne Führerschein, doch wir hatten das Glück, dass niemand verletzt worden war. Im Stillen dachte ich mir zum Trost, zwei Autos sind für uns vielleicht sowieso zu teuer. Dann wird Christine eben keine Ballerina.

Wir wohnten jetzt knapp drei Jahre in diesem Haus, und wir waren alle sehr zufrieden. Haus und Garten waren jetzt auch soweit fertig. Mein Mann lief nicht mehr nur mit dem Werkzeugkasten durch das Haus.

Die blutigen Schwielen vom Rasenumbrechen sind vergessen. Wir und auch die Kinder haben Freunde.

In dieser Zeit bekamen wir Besuch von unserem Vermieterehepaar. Da saßen sie nun bei uns in der Wohnstube, drucksten ein wenig, und dann kam es heraus: Ja, also, es sei ja alles so schön, das Haus so gepflegt, und der Garten sei einmalig. Sie möchten jetzt doch das Haus selbst bewohnen - sie wollten noch ein bisschen gut davon haben. Mein Mann dürfe auch gern den Garten noch betreuen. Es hat uns die Sprache verschlagen. Als wir uns gefasst hatten, sagten wir ihnen zu, uns etwas anderes zu suchen. Sie verabschiedeten sich dann schnell; so ganz in Ordnung fanden sie es wohl selbst nicht. Ich war wütend. Es kochte in mir. So schnell wie möglich wollte ich aus dem Haus heraus. Mit solchen Leuten wollte ich nichts mehr zu tun haben. Unsere Nachbarn und Freunde konnten nur den Kopf schütteln Es würde in Zukunft deren Nachbarn sein.

Ab sofort wurden Zeitungen nach einer neuen Bleibe durchgesehen. Im Nachbarort wurde ein Reihenhaus angeboten - sofort beziehbar. Die Miete war bezahlbar. Bei der Besichtigung wurde man sich schnell einig, 14 Tage später, zum nächsten Ersten, wollten wir einziehen. Das Haus war das mittlere in einer Reihe von sieben Häusern, und die Lage war ideal. Es stand schon eine Zeitlang leer und war komplett renoviert. Alles war kleiner, aber ganz gemütlich und direkt am Wald gelegen. Man überquerte den Fußweg, der die Häuser verband, ein paar Meter Wiese, und schon war man mitten im Wald.

Die Leute von der Umzugsfirma kamen, um die Umzugskosten zu schätzen und wollten mit einem großen Auto kommen, für das der Fußweg zu schmal war. Man könnte ja auf der Grasfläche hinauffahren. Es war ziemlich steil. Wir hatten eine Schönwetterperiode, nur an unserem Umzugstag - da hat es geschüttet. Das Gras war unbefahrbar, die Spedition musste zweimal fahren, mit einem kleineren Auto. Als alles im Haus war, auch die Riesenbibliothek und ein Klavier, ging die Schönwetterperiode weiter. Es war der einzige Regentag in diesem ganzen Sommer gewesen.

In dem Ort gab es einen Bahnhof, und so fuhr mein Mann mit dem Zug zur Arbeit, ebenso Renate in ihre Schule, die letzten Monate ihrer Schulzeit. In der Nachbarschaft gab es genügend Kinder zum Spielen. Der Wald lud zum Lagerbauen und anderen Vergnügungen ein; zum Spazierengehen natürlich auch. Wir waren alle sehr zufrieden. Christine konnte ihre Waldorfschule mit dem Bus erreichen. Da ich jetzt unser Auto zur Verfügung hatte, fuhr ich sie in der ersten Zeit zur Schule. Lukas durfte mit; er war drei Jahre alt und sah aus wie ein Mädchen. Als Christine ihren Mitschülerinnen ihren Bruder vorführen wollte, hatte ich ihm ausgerechnet an diesem Tag eine Klammer ins Haar gesteckt. Die Mitschülerinnen bezweifelten, dass dieses liebe Gesichtchen mit dem blonden Bubikopf ein Junge sein sollte. Zu Hause beklagte Christine sich vor allem wegen der Haarspange.

Da wir in einer bergigen Gegend wohnten, erschien es mir besonders wichtig, dass die Bremsen am Auto in Ordnung sind. Nun stellte ich fest, dass die Bremsen ständig bremsten, saßen irgendwie fest. Ich rief unsere Werkstatt in unserem früheren Wohnort an, der Junior versprach zu kommen. Ich musste weg und beschrieb ihm, in welcher Garage das Auto stand. Als ich dann wieder zu Hause war, sah ich gleich nach, setzte mich ins Auto und probierte die Bremsen. Ja, sie fühlten sich gut an. Ich ließ den Motor an - Rückwärtsgang rein - und beim Rausfahren gab es ein sehr unangenehmes Geräusch. Ich hatte vergessen, die Autotür zuzumachen, und nun war die „ein bisschen" verbogen. Das war mir sehr unangenehm. Als ich mich telefonisch beim Automechaniker bedankte und ihm gleichzeitig mitteilte, dass ich beim Ausprobieren und Rausfahren nun die Autotür beschädigt hätte, sagte er nur: „Da darf ich jetzt noch mal dahin fahren." Er reparierte auch die Tür. Er war so nett! Mein Mann kannte ihn schon viele Jahre. Wenn man zu ihm in die Werkstatt kam, war er immer sehr schmutzig, auch im Gesicht. Er reparierte noch in der Grube, ohne Hebebühne! Zudem war er extrem kurzsichtig.

Ein anderes Mal wollten wir einen Kanarienvogel und noch ein paar Sachen zu Rosa nach Stuttgart bringen, weil wir verreisen wollten. Da blieb das Auto unterwegs stehen. Wir riefen ihn an, und er kam auch gleich. Wir waren in Eile, und so überredete ich ihn, mit unserem Auto in seine Werkstatt zu fahren - er konnte damit fahren, wir nicht - und uns sein Auto zur Weiterfahrt nach Stuttgart zugeben. Mir schien das eine gute Lösung, und ganz schnell waren die Schlüssel getauscht. Meinem Mann war die Art und Weise etwas peinlich, und er warf mir vor, ich hätte beide Männer überrumpelt. Aber es war tatsächlich eine gute Lösung, und ich hatte nur ganz schwach ein schlechtes Gewissen.

„Mutti, magst du Goldhamster?" fragte Christine, als wir beim Mittagessen waren. Natürlich mag ich auch Goldhamster. Es wurde nichts weiter darüber gesprochen. Vielleicht eine gute Woche später, ich wartete auf dem Schulparkplatz auf Christine, sah ich sie vorsichtig eine Tasche tragen. „Jetzt ist es passiert!" sagte ich zu Lukas. Ich hatte eine unbestimmte Ahnung. In der Tasche befanden sich zwei junge Goldhamster, die ihr eine Mitschülerin geschenkt hatte. Wir kauften einen Käfig, und sie wurden in Christines Zimmer gestellt. Als ich am anderen Vormittag nach den Tierchen sehen wollte, war ich sehr über ihr Aussehen erschrocken. Sie hatten schrecklich große Geschwülste am Kopf. Christine tat mir leid, denn sie würde sehr traurig sein, wenn sie sterben müssten. Ich wagte nicht, ihr davon zu erzählen, doch sie ging in ihr Zimmer und kam ganz fröhlich wieder zu mir. Alles war in Ordnung. Wie war ich doch dumm! Sie machten ihrem Namen Ehre, indem sie ihr Futter erst in ihre Bäckchen stopften, um es dann in ihrem Häuschen zu hamstern.

Mein lieber Mann schnarcht! Wir hatten uns ein elegantes neues Schlafzimmer gekauft. Umso schlimmer war es, wenn ich, mit meinem Kopfkissen unterm Arm, mir einen anderen Schlafplatz suchen musste. Das gefiel mir überhaupt nicht.

Nachbarn gab es auch. Die meisten waren in Ordnung. Auch das ältere Ehepaar unterhalb war nett. Leider war die Frau gegen Kinder allergisch. Wenn Freundinnen an ihrem Haus vorbei zu Christine wollten, schickte sie sie unter einem Vorwand wieder fort. Wenn unsere 17-jährige Renate abends heimkam, hatte die Nachbarin merkwürdigerweise jedes Mal etwas vor ihrer Haustür zu tun. Renate wunderte sich auch, dass man am späten Abend noch Tücher ausschütteln muss. Schließlich kam der Tropfen, der das Fass zum Überlaufen brachte.

Unser kleiner Lukas saß vor einer hölzernen Fußbank und schnitt mit einem Messer Gras klein. Er war gern für sich allein und konnte sich beschäftigen, hat auch mit sich selbst geredet. Da kommt doch meine liebe Nachbarin und sagt: „Lukas, du musst jetzt reingehen; ich brauch meine Ruhe." Als ich das hörte, konnte ich nicht mehr. Ich musste meinem Herzen endlich Luft machen. „Frau H., Sie haben meinen Kindern überhaupt nichts zu sagen. Wenn irgendetwas ist, dann sagen Sie es mir. Sie lauern den ganzen Tag hinter Ihrem Küchenfenster. Machen Sie Ihr Fenster zu und Ihr Radio an, dann hören Sie kein Kindergeplapper. Oder gehen Sie in ein Altersheim, da gibt es keine

Kinder!" Ich wurde immer lauter und schrie sie an: „Sie lassen meine Kinder in Zukunft in Ruhe und wehe, Sie schicken andere Kinder, die zu uns wollen, fort!" So, die Sache war jetzt geklärt.

Als wir uns am nächsten Tag begegneten, grüßte ich sie freundlich, und sie grüßte ebenso zurück. O Wunder, sie war auch zu Kindern jetzt freundlich. Eine Nachbarin, vom oberen Ende der Häuserreihe, bedankte sich bei mir, denn auch ihr Kind hatte Frau H. tyrannisiert. Hatte ich zum richtigen Zeitpunkt die richtigen Worte gefunden?

Als mein Mann eines Tages von seiner Arbeit nach Hause kam, fand er seinen kleinen zweieinhalbjährigen Sohn im Gärtchen und fing ein Gespräch mit ihm an. Lukas hatte für sein Alter einen großen Wortschatz und sprach jedes Wort sorgfältig und deutlich aus. Wovon auch die Rede gewesen sein mag, von einer Äußerung, die eigentlich noch nicht aus seinem Erfahrungsschatz kommen konnte, war mein Mann sehr überrascht und fragte: „Ja, Lukas, woher weißt du das?" Daraufhin seine Antwort: „Das habe ich in der Weltschule gelernt." Da war sogar der studierte Vater sprachlos.

Wir waren alle sehr glücklich. Lukas fing an, Papas Werkzeug zu benutzen und schleppte alles Mögliche in den Wald, der ja der Haustür gegenüber lag. In diesem Wald wurden auch Hölzchen gesammelt, um daraus mit Papa einen Stall zu Bethlehem zu bauen - in Bohlenbauweise.

Als ich Kind war, wurden wir sehr vor „Mitschnackern" (Mitsprecher) gewarnt. Auch ich habe meinen Kindern eingeschärft, nie mit jemandem mitzugehen, nie in ein fremdes Auto einzusteigen, ganz egal, ob es Onkel, Tante oder Nachbarn sind. Unterhalb unserer Reihenhäuser endete eine breite Straße, die mit einer weit geschwungenen Kehre in den Ort hinunter führte. Am Steilhang innerhalb der Kehre pflegten die

Kinder zu spielen. Eines Tages spielten sich ein paar jüngere Kinder den Hang hinunter. Eine Nachbarin fuhr den Hang hinunter, um die Kinder mit ihrem Auto wieder einzusammeln. Ich wunderte mich sehr, dass Lukas nicht dabei war und fragte nach ihm. Es tat ihr leid, mir sagen zu müssen, dass mein Sohn in kein fremdes Auto einsteigen würde. Er blieb ganz allein zurück. Ich habe ihn dann geholt und ihm gesagt, dass er es ganz richtig gemacht hatte. Er war noch keine drei Jahre alt.

Aber wir wohnten zur Miete, und das im Schwabenland. Unseren Nachbarn oberhalb wurde gekündigt, die Tochter der Eigentümer wollte mit ihrer Familie das Haus bewohnen. Vorher wurde alles Mögliche umgebaut und auch eine neue Heizung installiert. Auch hier wurde nach Feierabend gehämmert und geklopft bis spät in die Nacht, worunter wir sehr zu leiden hatten. Reden konnte man mit den Leuten nicht. Als wir wieder einmal zu später Stunde die Polizei um Hilfe baten, wurde argumentiert, man hätte heute eine neue Küche bekommen, und die hätte zweieinhalb Tausend Mark gekostet! Welch eine Begründung für die nächtliche Störung! Der Feierabendsessel meines Mannes hatte auch zweieinhalb Tausend Mark gekostet.
Nein, mit solchen Ansichten und solcher Rücksichtslosigkeit kann man doch nicht Tür an Tür wohnen! Als ich Joachim davon überzeugen wollte, meinte er ganz ruhig: „Wenn du glaubst, ich ziehe jedes Jahr mit dir um, hast du dich getäuscht." Ich suchte nach einer Lösung. Er hatte ja wirklich recht. Immer wieder in eine andere Bleibe, mit Kindern und Hund ist sicher nicht jedermanns Sache. Aber was soll werden? Ich suchte in der Zeitung nach Wohnungsangeboten - und fand ein Haus. Aber wir hatten kein Geld für einen Hauskauf. Mein Mann verdiente zwar gut, aber wir hatten viel in unsere Wohnungen investiert, Urlaub gemacht, gelebt. Das Geld hat gut gereicht, aber wir hatten nichts übrig. Doch wenn mein Mann mit mir nicht so viel

umziehen mag, muss er mit mir ein Haus kaufen. Ob er da mitmacht? Es war nicht so einfach, ihn zu überreden, sich das Objekt doch mal anzuschauen. Das kostet ja nichts.

Wir bekamen vom Makler einen Termin zur Besichtigung. Es war ein Altstadthaus im nächsten Ort, Baujahr vermutlich 1789. Im Erdgeschoss war ein kleiner Laden an eine Friseurin vermietet, im ersten und zweiten Stock befanden sich je eine Dreizimmerwohnung, darüber, unter der steilen Dachschräge, zwei kleine Zimmer und zwei Bodenräume. Schließlich hatte das Haus noch einen Spitzboden und einen Gewölbekeller. Es gehörte einer älteren Witwe, ihre Kinder wollten ihr Erbe haben und drängten zum Verkauf. Das Haus sah furchtbar aus, innen und außen. Immerhin: Man kann viel daraus machen, und ich habe einen fleißigen und geschickten Ehemann. Im Renovieren hatte Joachim ja wirklich schon Übung.

Eigentlich geht es nicht ohne Eigenkapital. Nun, der Preis war günstig, und, o Wunder, wir beide waren uns schnell einig, dass wir das Haus kaufen wollten. Denn wo ein Wille ist, ist auch ein Weg. Die Lösung waren Bausparverträge, und 5000 Mark haben wir uns von seinen Eltern geliehen. Es war unser erster Hauskauf, und es war sehr aufregend. Nachdem beim Notar alles geregelt war, sind wir zusammen mit der Vorbesitzerin essen gegangen. Joachim und ich waren voller Freude und Zuversicht. Es waren so viele Räume in dem Haus, wenn auch kleine und niedrige. Ich meldete für mich eine eigene Höhle an, dann würde ich nicht mehr aus dem ehelichen Schlafzimmer flüchten müssen. Mein Mann war damit einverstanden.

Erst mal waren Renovierungsarbeiten angesagt. Es gab so viel zu tun, dass wir gar nicht zum Nachdenken kamen. Es mussten Tapeten und Teppichböden gekauft werden. Auch Gardinen mussten für die vielen Fenster ergänzt werden, doch da diese nicht groß waren, konnte ich etliches aus früheren Wohnungen wieder verwenden. Joachim bekam im ersten Stock seine „Höhle". Er benutzte sie als Arbeits- und Schlafzimmer. Da dieses Zimmer nach hinten zu einem kleinen Hof hin lag, war es schön ruhig. Die übrigen Räume auf dieser Etage blieben leer; vermieten wollten wir nicht. Im zweiten Stock befanden sich unsere Wohnräume mit Küche und mein Zimmer, das ebenfalls nach hinten lag, zu dem Steilhang hin, an dem das Haus stand. An diesen Hang war noch ein Waschküchengebäude angelehnt mit Dachterrasse zum Wäschetrocknen, einige wenige Quadratmeter Garten gehörten auch dazu. Die Kinder hatten ganz oben ihre Zimmerchen. Es wurde alles hübsch und gemütlich. Wir waren alle sehr zufrieden.

Nebenbei bewährten sich unsere getrennten Schlafräume vorzüglich, so dass dadurch fast unsere Ehe gerettet wurde. Für beide war es schön: Man konnte früh oder spät schlafen gehen, noch lesen oder Musik hören, ohne auf einen schon schlafenden Partner Rücksicht nehmen zu müssen. Unsere gegenseitigen Besuche in den Nächten waren jedes Mal eine neue Liebe.

Renate hatte nach ihrem Schulabschluss das Haus verlassen und eine Ausbildung zur Heilerziehungspflegerin begonnen. Die Zeit verging im Flug. Christine war elf, und Lukas wurde in diesem Jahr sechs Jahre alt. Wir meldeten ihn in der gleichen Waldorfschule an, die Christine besuchte. Als wir mit ihm zur Vorstellung fuhren und ich ihn fragte, wie er sich fühle, sagte er mir: „Es ist mir ein bisschen peinlich." Er wurde von ein paar Lehrkräften begutachtet und sollte ein Lied singen. Er sang 10 Strophen von „Schornsteinfeger ging spazieren" und wurde für schulreif befunden.

Beide gingen zur Schule, und so konnte ich mir eine Halbtagsarbeit suchen. Ich versorgte die Kinder für die Schule und ging dann meiner Tätigkeit nach: Ein Bahnhofskiosk mit kleiner Gaststätte. Als ich mich eingearbeitet hatte, sollte ich ganz früh anfangen, um 5 Uhr. Ich bereitete alles zum Frühstück so vor, dass meine Kinder wohl alleine zurechtkommen würden. Um 7 t ihr rief mich mein kleiner Sohn an und fragte: „Mutti, meine Schuhe, wo?!" Ich sagte ihm. „Deine Schuhe sind wohl dort, wo du sie gestern hingestellt hast. Ich kann dir nicht helfen." Damit war unser Gespräch auch beendet, und fortan gab es solche Probleme nicht mehr.

Auch sonntags war der Kiosk geöffnet, aber das machte eine Person alleine. Die Schicht fing dann erst um 8 Uhr an. Joachim war ja zu Hause bei den Kindern. Mein erster Sonntagsdienst. Ich stand ganz leise auf, machte mich fertig, frühstückte ausgiebig und schaute auch auf die Uhr. Es waren 15 Minuten mit dem Auto zu fahren, und ich wollte nicht zu spät kommen. Ich wunderte und freute mich, dass alle noch so schön ausschlafen konnten. Dann fuhr ich gut gelaunt - das war ich eigentlich immer - los. Als ich mein Auto abstellte und einen Blick auf die große Bahnhofsuhr warf, zeigte sie nicht, wie ich erwartete, 8 Uhr, nein, o Schreck, es war Punkt 6 Uhr. Wie konnte das nur passieren? Meinen Wecker hatte ich, bevor er klingeln konnte, abgestellt, nachher wohl auch nur ganz flüchtig nach der Zeit geschaut. Kein Wunder, dass meine Familie noch fest geschlafen hatte!
Jetzt noch mal nach Hause fahren? - Ich entschloss mich, alles aufzuschließen, wozu auch die Bahnhofshalle gehörte, die Zeitungen auszupacken, und dann würde ich ein bisschen Radio hören und Zeitung lesen. Als ich es mir gerade gemütlich machen wollte, stürmte durch die Vorder- und die Hintertür die Polizei mit gezogenen Waffen. Ich war eher verwundert als erschrocken. Auch die Polizisten wunderten sich über die Frau, die gerade die Zeitung lesen wollte. Als ich ihnen erklärte, dass ich mich in der Uhr verguckt hatte und dadurch zwei Stunden zu früh am Arbeitsplatz war, konnten sie es kaum

glauben. Was ich nicht wusste: Der ganze Bereich war bei der Polizei gesichert. Sie schüttelten die Köpfe. Was sie sich gedacht haben, sagten sie mir wohl lieber nicht.

Nach einer langen Pause will ich meine Geschichte zu Ende bringen. Mal sehen, wie alles weitergeht.

Nach circa 10 Monaten kündigte der Friseurladen. Damit nicht genug, mein Joachim verlor seine Arbeit.

Was mache wir?

Meinen Vorschlag, einen Imbiss unten im Laden aufzubauen, wurde nicht genehmigt, weil die Räume zu niedrig waren.

Dann wollte ich ein Geschäft mit einer Art „Kiosk" aufmachen. Da hatte ich aber leider, wie man so sagt, von Tuten und Blasen keine Ahnung.

Als ich mein Gewerbe anmelden wollte, sagte man zu mir: „Was, da wollen Sie ein Geschäft aufmachen? Da kommt doch kein Mensch vorbei!"

Jetzt muss man wissen, es wurde an unserer Straße vorbei eine Umgehung gebaut. Es wurde auch ein neuer Marktplatz gebaut, und unsere Straße hörte am neuen Marktplatz auf und mündete in einer neuen Tiefgarage. Ich bekam aber trotzdem meinen Gewerbeschein.

Unser Haus sah von außen sehr hässlich und ungepflegt aus. Wir beauftragten eine Baufirma, die hatte wohl sehr viel zu tun. Endlich wollte sie ihr Gerüst aufbauen, aber dann gingen sie erst einmal vier Wochen in Urlaub. Da ich aber mein Geschäft eröffnen wollte, habe ich sie abgelehnt und wieder weggeschickt, denn eine andere Firma konnte gleich kommen.

Unser Haus bekam einen schönen orangenfarbenen Anstrich. Die Farbe wurde uns von der Stadt vorgeschrieben. Das ganze Altstadtbild sollte ein neues, harmonisches Gesicht bekommen. Mit neuem Marktplatz und einer Fußgängerzone.

Den Laden innen hatten mein Mann und ich schon soweit fertig. Eine sehr schöne Verkaufstheke hatten wir gebraucht ergattert. Diese Theke hatte oben eine Glasplatte und vorne war sie zum Teil auch verglast. Also auf jeden Fall war sie ideal und für meine Zwecke sehr geeignet. Zumal ich auch Pralinen und Süßigkeiten im Angebot haben wollte. Mein Mann hatte eine große Leuchtwerbung, mit dem Schriftzug „Kiosk am Markt" anfertigen lassen. Dafür sollte ich dann beim Amt eine Genehmigung einholen.

„Wie bitte?? Eine Leuchtwerbung, das passt ja gar nicht in unser Altstadtbild."

Etwas betroffen schaute ich doch. Dann hatte ich die Idee, ich erwiderte freundlich: „Unsere Leuchtwerbung ‚Kiosk am Markt' ist für Ihren neuen Marktplatz, den es ja bisher nicht gab. Diese Leuchtwerbung ist weit sichtbar, auch bis zur großen neuen Umgehungsstraße."

Da mussten die Leute mir Recht geben, und ich bekam meine Genehmigung. Jetzt konnte die 3 Meter lange und einen halben Meter hohe Werbung über dem Schaufenster angebracht werden.

Das Abenteuer konnte beginnen.

Unsere Große machte eine Ausbildung zur Heilerziehungspflegerin im Odenwald. Sie hatte einen sehr guten Realschulabschluß, sie wollte aber einen Beruf nicht irgendwo im Büro, sondern etwas mit Menschen. Ja, und die zwei anderen fuhren beide mit dem Bus in eine Waldorfschule. Sie konnten sich alleine fertigmachen. Um 5 Uhr morgens gingen sie runter in meinen Laden und packten meine Zeitungen aus. Dann kamen auch gleich die ersten Kunden, um Zeitungen, Zigaretten usw. zu kaufen.

Um 6.30 Uhr hatte Joachim Frühstück fertig, für die Kinder und mich.

Er hat mich dann eine halbe Stunde vertreten. Ja, dann war ich wieder dran. Als nächstes waren die Schulkinder dran. Am Vormittag kamen dann die Hausfrauen und mittags auch wieder viele Kinder.

Ich hatte im Sortiment unter anderem auch ein komplettes Schreibwarensortiment, bis hin zur Elephantenhaut und alles für die Schule. Mittags machte ich eine Stunde zu, und dann ging es bis zum Abend rund.

Ich hatte im Laden eine 70 Stunden Woche, aber es hat mir sehr viel Spaß gemacht. Dazu muss ich wohl sagen, es kamen Jung und Alt, und alle sind gerne gekommen. Und das im Schwabenland. Zuerst zaghaft, aber wenn ein Kunde oder eine Kundin den Kiosk am Markt gut fanden, waren sie treue Kunden und machten Werbung für mich.

Nach Schulschluss war mein Laden oft voller Kinder, sie wuselten vor unter hinter der Theke. Man hatte hier deswegen nette Erlebnisse gehabt. Bemerkenswert war, es wurde bei mir nichts geklaut.

An einem Freitagmittag, der Laden war richtig voll, machte eine Kundin einen größeren Einkauf. Sie legte alles auf der Theke ab, und ich bediente zwischendurch noch viele andere Kunden. Eine Kasse gab es bei mir nicht. Wenn es viel war, nahm ich Papier und Stift zu Hilfe, sonst ging alles schnell im Kopf. Besagte Kundin hatte nun auch alles beisammen, und sie zahlte 98 DM. Nachmittags kamen ihr Zweifel, ob es denn alles richtig war, ich hatte so viel Betrieb gehabt. Da sollte sie mir sagen, was sie alles gekauft hat, und ich sagte ihr den Preis. Zum Schluss fehlten noch 5 DM. Da fiel mir ein, sie hatte noch ein Struwelpeter-Buch für 5 DM gekauft. Ja, das Buch sollte ihr Enkel bekommen, und die Kundin hatte es gleich beiseite gelegt. Da hatte sie aber gestaunt.

Ich hatte eigentlich ein großes Sortiment und wenn Ostern war, dann gab es viele Ostersachen, und im Herbst gab es zum Beispiel Laternen und zu Weihnachten wurde ein umfangreiches Warenangebot mit

Dekorationen und Geschenken. Ich weiß gar nicht, wo ich die Sachen immer herhatte. Zum Beispiel wunderschöne große Strohsterne und Räuchermännchen.

Meine Mutter wohnte in Norddeutschland und wir 1 000 Kilometer weiter im Süden. Da unser Haus relativ viel Platz hatte, machte ich meinen Eltern den Vorschlag, zu uns zu ziehen. Mein Vater kam aus Dithmarschen und zu uns zur Besichtigung, sie fanden den Vorschlag in Ordnung. Nach kurzer Zeit wagten sie den Umzug nach Süddeutschland, und auch meine Mutter lebte sich erstaunlicherweise schnell ein. Sie kochte für uns alle Mittagessen, und war für mich natürlich eine Entlastung. Da mein Mann wieder Arbeit in Stuttgart hatte. So hatte jeder seine Aufgabe. Mein Mann brauchte mich im Haushalt nicht mehr zu unterstützen. Nach wie vor machte mein Joachim die Buchführung, das war nicht mein Ding. Mein Vater hatte seinen großen Hund, mit dem er seine Spaziergänge machen konnte. Unsere große Tochter absolvierte ihre Ausbildung als Heilerziehungshelferin, und Christine und Lukas besuchten ihre Waldorfschule.

Es war eigentlich alles harmonisch, aber wie es im Leben so geht. Eine kleine Episode: Meine Mutter liebte meinen Vater sehr und war ständig sehr besorgt, unbedingt alles recht zu machen. Mein Vater war ein kleiner Pascha, und wenn etwas nicht nach seinem Willen ging, wurde gemault. Zwischen meinen Eltern muss auch etwas gewesen sein, ich weiß nicht was. Mein Vater hat das Essen verweigert. Meine Mutter kochte für ihn gute Sachen, seine Lieblingsspeisen, nichts zu machen. Da mein Vater sowieso nichts auf den Rippen hatte, machte meine Mutter sich große Sorgen und klagte mir eines Tages ihr Leid. Er trank sein Bier und sonst nichts. Ich erzählte es unserem Hausarzt, und er meinte, wir bräuchten uns keine Sorgen zu machen, solange er sein

Bier trinkt. Darauf ging ich zu meinem Vater und sagte: Wenn er wieder etwas essen möchte, solle er Bescheid sagen. Das war natürlich bitter. Wozu fasten, wenn sich niemand Sorgen macht? Kurz darauf kam von meinem Vater der Satz zu meiner Mutter: „Ich möchte auch mal wieder eine Scheibe Brot essen!" Na also, dann war ja alles wieder in Ordnung.

Ich hatte eine 70 Stunden Woche, aber es machte mir Spaß. Wenn man etwas macht, muss man es gerne tun, sonst geht gar nichts.

Eines Tages wurde meine Mutter krank, und sie musste ins Krankenhaus. Mein Vater war inzwischen auch sehr geschwächt, und er konnte nicht mehr aufstehen. Aber morgens kamen Pflegekräfte, und mittags brachte ich ihm sein Essen, und am Abend war ich dann eine ganze Weile bei ihm.

Nach einiger Zeit sollte meine Mutter aus dem Krankenhaus entlassen werden, und ich fragte meinen Joachim, ob er sie vom Krankenhaus abholen kann. Als mein Mann ins Krankenhaus kam, saß meine Mutter schon mit ihrer Tasche im Flur. In dem Moment kam eine Schwester zu ihr und sagte: „Frau Lukarzewski, Sie müssen sich schnell wieder ins Bett legen, Ihre Herzwerte sind sehr schlecht!"

Mein Mann und ich waren sprachlos. Na Ja, dann musste man mal abwarten. 10 Tage später war es dann soweit, und ich konnte meine Mutter in der Mittagspause abholen. Unser Hauseingang war hinten, und man musste 6 Stufen hochgehen. Meine Mutter ging die Stufen hoch und sagte: „Gott sei Dank, bin ik to Hus." Neben der Haustür stand ein alter Sessel, darauf ließ sie sich nieder. Ihr Kopf fiel zur Seite, und sie war tot.

Ich rief schnell im Krankenhaus an, und sie kamen ganz schnell und versuchten, sie wiederzubeleben, aber es war nichts mehr zu machen. Sie haben sie wieder mitgenommen. Mein Vater konnte ja nicht aufstehen und hat sie nicht mehr gesehen. Das war alles sehr traurig, aber das Leben geht weiter.

Joachim ging seiner Arbeit nach. Er war in einer großen Maschinenfabrik in der Werbung. Ich staune heute noch, wie gründlich und gewissenhaft er sich doch wieder in ganz anderen Arbeitsbereichen schlau machte. Meine Buchführung machte er ja auch noch.

Unsere Älteste Renate war inzwischen im Odenwald verheiratet, und unsere zweite, die Christine, war in unserem Ort mit einem Polizeibeamten verheiratet. Renate hatte eine Tochter, Melanie und Christine hatte einen Sohn, Sven.

Mein lieber Bruder, der mir böse war, weil ich mich geweigert habe, gegen seine Frau, bei seiner Scheidung, auszusagen. Dieser Bruder hatte eines Tages eine Frau vom Amt zu meinem Vater geschickt, ob mein Vater auch gut und ausreichen versorgt wurde. Mein Bruder hat es erreicht, und mein Vater wurde daraufhin in ein Heim eingewiesen. Als er abgeholt wurde, fragte ich meinen Bruder, wer das bezahlt. Er erwiderte mir: „Ich nicht, ich habe rechtzeitig vorgesorgt." Na ja, ich kannte ihn ja. Er reichte gegen mich eine Klage ein. Kurz vor dem Gerichtstermin besuchte meine Tochter meinen Vater im Heim. Es war leider auch noch sehr weit von uns entfernt Als sie meinen Vater auf dem Gerichtstermin ansprach, meinte er nur: „Damit will ich nichts zu tun haben, ich verklage doch meine Tochter nicht." Und drei Tage vor dem Termin war er tot.

Wenn wir mal getrennt waren. Er hatte mal eine Tagung oder Messe oder wie auch immer, hat er mir Briefe, auch Gedichte geschrieben und mir seine tiefe Liebe beteuert. In einem Brief bewunderte er meine „Klugheit". Das hat mich sehr erstaunt. Das erklärt wohl auch das große Vertrauen zu mir.

Während ich den Kiosk betreute, war gemeinsamer Urlaub etwas schwierig, da war es einfacher, getrennt Urlaub zu machen. Joachim machte mal den Laden, und ich bin mit den zwei jüngeren Kindern, Lukas war 6 Jahre und Christine 10 Jahre alt, nach Österreich zum Neusiedler See gefahren. Dort konnte man sich eine Pustaschaukel mit einem Pferd davor mieten. Das war ein bunt bemalter Wagen aus Holz und innen waren Stockbetten und Kochgelegenheit, wie ein Wohnwagen, nur mit einem Pferd davor. Es waren nur vier weitere Ehepaare, auch mit Kindern, und wir sind dann in dieser Gruppe um den See gefahren.

Wir bekamen von dem Vermieter einige Tipps, wo wir unseren Wagen zum Übernachten abstellen konnten. Die Pferde mussten ja auch versorgt werden. Das war mal eine Koppel, eine Kieskuhle oder ein Bauernhof.

Abends saß man zusammen, konnten auch mal ein Lagerfeuer machen. Bei einer guten Flasche Wein lernte man sich kennen. Die anderen Familien kamen alle aus der Schweiz. Die Stimmung war sehr gut, auch die Kinder fanden alles toll. Sie waren aber schon etwas älter, Luckas war der Jüngste und Christine hatte sich mit einem Mädchen enger angefreundet.

Einmal übernachteten wir in einer Kieskuhle. Da gab es Wasser in einer Kuhle für die Pferde und auch Gras, und man konnte sie frei laufen lassen. Es wurde ein schönes Lagerfeuer gemacht, es war herrlich.

Am anderen Morgen war man am überlegen, wie man am besten wieder rauskommt aus der Grube. Es ging ein längerer, sehr tiefsandiger steiler Weg hoch. Die Männer beschlossen, jeden Wagen einzeln nachzuschieben, denn man hatte Zweifel, dass ein Pferd diesen doch sehr schweren Wagen durch den tiefen Sand den Berg hochbekommt.

Als die Männer den ersten Wagen oben hatten, wollte ich etwas anderes probieren. Meine beiden Kinder vom Wagen runter und ich setzte mich vorne auf den Kutschersitz, fuhr soweit wie es ging zurück. Dann brachte ich mein Pferd in Stimmung, nahm einen schwungvollen Anlauf und war in einem Rutsch oben. Den anderen imponierte das und so schaffte einer nach dem anderen den Weg nach oben.

Dann ging es weiter auf der einen Seite den See, auf der anderen Seite die weite Pusta-Landschaft, Als wir an einem Weinanbaugebiet vorbeikamen, waren die Menschen gerade bei der Ernte. Als sie unseren bunten Wagen sahen, kamen die Leute und schenkten uns großzügig Weintrauben, die sehr lecker schmeckten.

Ich dachte an meinen Mann, der zu Hause meinen Kiosk betreute, und ich war ihm sehr dankbar für alles.

Unsere Fahrt neigte sich dem Ende zu. Unsere letzte Übernachtung war ein Bauernhof. Hier gab es viele Pferde, und wir wurden gefragt: „Möchten die Kinder mal reiten?" Sie hatten einen 14jährigen Sohn, der würde die Kinder begleiten. Ja, die Kinder wollten gerne mal reiten. Jedes Kind bekam ein Pferd, mein Lukas wollte als einziger nicht. Mal kutschieren, das mochte er gerne, aber reiten, nein. Da bekam dieses Pferd die Freundin von Christine.

Fröhlich ging es los. Wie Christine mir später erzählte, trieb dieser 14jährige Begleiter die Pferde immer wieder an, und irgendwann geriet die Gruppe außer Kontrolle und die Pferde gingen durch. Das Pferd von ihrer Freundin raste auf die Stalltür zu, und das Mädchen knallte mit dem Kopf oben an die Stalltür. Sie war so schwer am Kopf verletzt, dass sie auf dem Weg ins Krankenhaus verstarb. Das war eine Aufregung und ein Durcheinander und ich merkte gar nicht, dass Christine nicht anwesend war. Aber in diesem Moment kam sie zu Fuß angelaufen, Gott sei Dank! Nachdem Christine keine Steigbügel und Zügel mehr hatte, hat sie sich irgendwie vom Pferd runterrutschen lassen. Ich war froh, aber wir waren alle sehr geschockt und traurig. So schöne Tage und so ein Ende.

Mein Geschäft existierte 8 Jahre, für mich eine lange Zeit. Mein Joachim hatte leider eine chronische Bronchitis, und ich machte den Vorschlag, nach Norddeutschland zu wechseln. Denn wenn wir im Norden mal Urlaub machten, fühlte er sich wesentlich besser. Da seine Rente kurz bevor stand, war der Wohnungswechsel eine Überlegung wert.

Joachim hat im Leben nicht damit gerechnet, dass er noch einmal umziehen soll. Wir suchten einen Käufer für unser Haus und fanden auch jemanden. Dann wurde ein Einfamilienhaus in Dithmarschen gefunden und gekauft. Joachim musste noch einen Monat bis zur Rente arbeiten und mietete sich ein Zimmer in Stuttgart.

Ein Umzugsunternehmen packte unser Hab und Gut in einen großen Umzugswagen, und los ging es nach Dingerdonn, einem kleineren Ort in der Nähe von Brunsbüttel. Ich fuhr mit unserem PKW alleine vor. Ich sehe ja noch, wie er traurig mit seinem Köfferchen vor der Tür stand, als wir wegfuhren.

Das Haus war relativ neu, mit einem 2 000 qm Grundstück. Die Umzugsleute konnten die Möbel alle gut unterbringen. Mein Mann hatte einen Plan gezeichnet, wo alles seinen Platz hatte. Ich konnte in Ruhe alles auspacken und einräumen. Die Zeit verging schnell und nach knapp vier Wochen konnte ich meinen Mann aus Stuttgart abholen.

Ich bin sehr früh losgefahren, denn wir wollten am gleichen Tag zurückfahren. Es waren knapp 1 000 Kilometer, aber die Rückfahrt konnten wir uns ja teilen. Leider war das ein Irrtum. Mein Joachim hatte seine Einsamkeit in Alkohol ertränkt. Es war sehr eigenartig, wenn Joachim Alkohol trank, war er nie besoffen, aber irgendwann war das Maß voll und dann war er streitsüchtig. So war es auf unserer

Rückfahrt. Er entfachte einen Streit nach dem anderen. Ich merkte, was los war, und für mich stand fest, wenn er noch einmal Alkohol trinkt, ist es aus! Ernst und bestimmt teilte ich Joachim meinen Entschluss mit.

Endlich erreichten wir unser Ziel, unser neues Zuhause! Jeder verzog sich in sein Zimmer, und wir waren alle todmüde, morgen sieht man weiter. Am anderen Tag hatte ich wieder meinen lieben reumütigen Mann. Da es in unserem kleinen Ort keinen Kaufmann gab, hatte Joachim keine Möglichkeit, Alkohol zu kaufen. Er hatte ja seine Frau Elisabeth wieder. Und es gab sehr viel zu tun. Er war sehr geschickt in allen Dingen, er konnte einfach alles. Ich bewunderte meinen Mann maßlos, und ich liebe ihn.

Wir hatten jetzt ein sehr großes Grundstück, 2 000 qm. Vorm Haus befand sich eine schöne Wiese und nach hinten eine sehr große Wiese, zum Teil mit Obstbäumen.

Unsere Töchter mit ihren Familien fanden auch alles toll. Die Enkelkinder hatten viel Platz zum Spielen.

Ab und zu fuhr mein Mann nach München zu seiner alten Mutter, um nach dem Rechten zu sehen. Aber mit ihren fast 90 Jahren gab es mehr und mehr Schwierigkeiten. Sie hatte auch mit ihrer Demenz zu kämpfen. Wir hatten ein großes Haus und Platz genug. So machten wir meiner Schwiegermutter den Vorschlag, doch bei uns zu wohnen. Sie war einverstanden!

Wir richteten ihr ebenerdig ein schönes Zimmer ein. Es war nicht einfach für uns beide. Ich, die nicht standesgemäße Schwiegertochter. Ständig hatte sie Beschwerden über mich, bis hin zum Diebstahl. Ich konnte damit ganz gut umgehen. Sie hatte sich jahrelang von unserer Schwägerin beeinflussen lassen. Es tut mir heute noch weh, wie auch Joachim darunter gelitten hatte.

Aber so langsam besserte sich die Lage. Es kam der 90te Geburtstag meiner Schwiegermutter, und ihre Tochter und Enkel kamen aus München. Als Geschenk gab es Alkohol (Doornkaat). Das hat mich doch sehr erstaunt. Man sagte uns, dass sie nach dem Tod unseres Schwiegervaters dem Alkohol immer mehr verfallen war. Na ja, nachdem das Haus wieder leer war, waren wir drei wieder unter uns. Joachim ging jeden Nachmittag mit Mutter spazieren, denn alleine ging es nicht mehr.

Mein Schlafzimmer lag direkt über dem Zimmer meiner Schwiegermutter. Immer wieder in der Nacht rief sie um Hilfe. Einmal hörte ich ein Geräusch, und als ich in ihr Zimmer wollte, ging die Tür nicht auf. Ich rief nach Joachim, gemeinsam schafften wir es, die Tür zu öffnen. Seine Mutter war umgefallen und lag ausgerechnet vor der Tür. Gemeinsam legten wir sie auf ihr Bett. Gott sei Dank war weiter nichts passiert. Ihre Demenz verschlimmerte sich immer mehr. Wenn ich sie gerade zur Toilette geführt hatte, wollte sie 5 Minuten später schon wieder.

Ich entdeckte an mir eine ganz neue Eigenschaft, nämlich Geduld, und meine Schwiegermutter sagte mir mehrere Male: „Wie gut, dass ich dich habe, jetzt lerne ich dich erst richtig kennen. Ich bin dir sehr dankbar." Das hatte mir natürlich sehr gut getan. Meine Schwiegermutter war körperlich gesund, aber trotzdem ließen wir unseren Hausarzt kommen und fragten ihn um Rat, weil weder sie noch ich in der Nacht unseren Schlaf bekamen.

Er besorgte ein Krankenbett mit einem Gitter, damit sie nicht alleine aufstehen sollte. Ich sehe uns alle noch im Zimmer stehen, und ich sagte zu unserem Arzt: „Da krabbelt sie bestimmt raus!"

Er sagte nur ganz überzeugt: „Ach was!"

In der Nacht hörte ich unten im Flur, wie meine Schwiegermutter zur

Toilette ging. Ich rannte schnell runter und begleitete sie wieder zurück in ihr Zimmer. Wir standen beide vorm Bett, und ich sagte zu ihr: „So Mutter, nun geh mal wieder zu Bett."

Sehr ratlos war ihre Antwort: „Wie soll ich? Da komm ich nicht mehr rein!"

Als ich ihr dann sagt: „Da bist du doch auch rausgekommen", konnte sie es nicht glauben, ich auch nicht. Nachdem ich das Gitter runtergelassen hatte, konnte sie auch wieder in ihr Bett.

Aber unsere Mutter baute immer mehr ab, bald konnte sie nicht mehr laufen, und es wurde ein Rollstuhl besorgt. Wir fanden es sehr traurig, wenn ein Mensch den Verstand verliert, nichts mehr weiß, nichts mehr kann, aber Joachim und ich schafften es. Wir waren in der Lage, uns liebevoll um sie zu kümmern. Wir hatten Zeit und Platz, drinnen und draußen. Sie war ja nicht krank und hatte keine Schmerzen.

Als ich eines Abends mit unserem Hund noch draußen war, wollte mein Mann sie ins Bett bringen. Vorher setzte er sich noch auf ihren Toilettenstuhl, da sank sie zur Seite und war tot. Sie war erlöst. Bestattet wurde sie in München, neben ihrem Mann.

Für uns beide begann ein neuer Lebensabschnitt. Wir hatten nette Nachbarn und unseren Hund und auch ein großes Grundstück. Es gab genug zu tun. Joachim hatte eine Flöten Gruppe in Brunsbüttel und in Sankt Michaelis. Wo er sich sehr einsetzte. Er konnte eigene Stücke für verschiedene Flöten komponieren. In unserem Ort war einmal im Monat Gottesdienst, auch dort spielte er Flöte zu unseren Liedern. Er hatte 4 Flöten dabei. Das Vorspiel und das Nachspiel suchte er sich so aus, und der Pastor staunte oft und wollte immer wissen, was für ein Stück es war.

Unsere Kinder und Enkel aus Süddeutschland besuchten uns. Unser

Sohn lebte nicht weit von uns entfernt. Hin und wieder machten wir eine Reise, aber nicht mehr so sehr weit.

Eines Tages machte mein Mann mir einen Vorschlag, eine kleine Reise, die Nordseeküste rauf bis nach Dänemark und überall Sehenswürdigkeiten anschauen. Anschließend irgendwann quer durch Dänemark an der Osteeküste wieder zurück. Er meinte, wir sollten jeden Tag ein neues Hotel oder Gasthaus zum Übernachten suchen. Ich fand die Idee gut, aber jeden Tag eine neue Bleibe suchen? Das war nicht mein Ding. Unser großes Wohnmobil hatten wir bald nach unserem Umzug nach Dithmarschen verkauft. Zufällig fand ich drei Tage vor unserer Reise in unserer Zeitung einen VW-Bus. Wir haben ihn gleich angeschaut, und er war für uns beide ideal. Ach, war ich froh, und Joachim war auch sehr dafür. Dieses Fahrzeug war für unsere Reise ideal.

Als wir uns das Haus in Dithmarschen kauften, haben wir uns noch nebenbei ein Mehrfamilienhaus gekauft. Da wir beide eine sehr kleine Rente bekamen, sollte das unsere Zusatzrente sein. Aber wir wurden beide älter. Das Haus war groß und das Grundstück auch. Man musste wegen jeder Kleinigkeit ins Auto steigen. Und mit Mietern ist es auch nicht immer einfach, wenn man weiter weg wohnt. Also sind wir uns einig geworden und haben eine fünf Zimmer-Wohnung in unserem Haus bei Itzehoe bezogen.
Seine Flötenleute sind zu uns gekommen, oder ich bin mit Joachim nach Brunsbüttel gefahren. Zur Kirche, sonntags, habe ich ihn auch gefahren. Mein Joachim wurde Demenz, aber die Musik half ihm noch lange und lenkte ihn wohl ab.
Ich hatte ganz stark das Gefühl, solange ich Joachim noch zum Flöten fahre, dass ihn das rettete. Aber irgendwann ging es nicht mehr. Und

wie befürchtet ging es jetzt schnell, sein Zustand verschlechterte sich. Das Schlimme war, er selbst war sich dessen voll bewusst. Schließlich habe ich den medizinischen Dienst bestellt, damit er eine Pflegestufe bekommt. Wir sind zu dritt am Tisch gesessen. Die Krankenschwester fragte Joachim so dies und das. Mein Mann wusste alles. Ich habe geweint. Die Schwester sagte zu mir: „Was wollen Sie, Ihr Mann weiß alles?"

Beim zweiten Versuch, eine Pflegestufe zu bekommen, war es auch nicht besser. Als es ihm schlechter ging, versuchte ich es noch einmal. Er bekam es mit, und ich redete mit Joachim.

Abends kam meine Nachbarin und er redete mit ihr über den Besuch der morgen kommen wollte und beschwerte sich. Was das denn soll, kriege ich eine Plakette an die Jacke? Da sagte meine Nachbarin: „Joachim, sie soll dir eine Pflegestufe geben und dann kriegt ihr Geld."

Am anderen Tag hatte er sich von seiner besten Seite gezeigt, wie immer. Am Schluss, als die Schwester schon am Gehen war, sprach sie Joachim mit den Worten an: „Wissen Sie, warum ich hier bin?"

Er antwortete: „Ja, Sie sollen mir eine Pflegestufe geben und dann kriegen wir Geld!" Wie ein Kleinkind das alles nachplapperte. Daraufhin bekam Joachim eine Pflegestufe.

Die weitere Entwicklung von Joachims Erkrankung möchte ich in Form von Tagebuchaufzeichnungen darstellen:

10.05.2012
Orientierungslos und hilflos am Ende von Lagerdorf am Laternenpfahl sich festklammern, von einem Kriminalbeamten aus Pinneberg nach Hause gebracht.

14.05.2012

Heute ist es ganz schlimm, was Joachim auch tut oder sagt, es ist alles gleich wieder weg. Wenn ich wegmusste, ist es besonders schlimm. Am Samstag musste ich eine Batterie für seine Uhr besorgen. Als ich wieder zurück bin, war sein Scheerblatt vom Rasierer kaputt. Hab gleich am Montag einen Neuen gekauft.

Aber den ganzen Tag heute: „Ich weiß nicht mehr. Ich bin so durcheinander." Er weiß nicht, wieviel Brot er gegessen hat. Er liest bis um 10 Uhr auch länger, so wie heute. Als ich aus Itzehoe kam, um 10.30 Uhr war er noch am Lesen. Mit dem Trinken ist es leider noch schlimmer. Auch ist er ständig am Rufen: „Hilf mir mal. Komm mal." Er hat etwas in der Hand, im nächsten Moment ist es weg. Manche Sachen weiß er. Joachim würde nie ohne Schlüssel oder Geldbörse vor die Haustür gehen. Er steht morgens um 06.40 Uhr auf. Solche Sachen wie Aufstehen, Essen, Schlafen alles pünktlich. Abends Nachrichten, um 19.00 Uhr, dann das „Dritte" und dann wieder Nachrichten. Natürlich weiß er, wie unser Bundespräsident heißt. Aber eine Stunde nach dem Mittagessen fragt er: „Was haben wir heute Mittag gegessen?"

Abends gemeinsam einen Film anschauen, das geht nicht. Da muss er immer fragen und reden, da geh ich lieber ins Bett und lese lieber ein Buch.

15.05.2012

Joachim sagt: „Ich weiß nicht, was mit mir ist."

Ich sage: „Was ist los?"

„Ich komme nicht mit der Zeitung durch (10.00 Uhr). Beginn 07.15 Uhr. Leider werde ich auch alt. Habe viele Gebrechen und habe oft das Gefühl, ich kann nicht mehr! Bis heute konnte ich mit Joachim noch Halma spielen, er hat zwar immer verloren, aber es ging noch. Jetzt muss er immer öfter aufgeben.

17.05.2012
Bin um 5.00 Uhr aufgestanden! Zucker messen, Spritzen, Tabletten nehmen, Frühstück machen und frühstücken. Mit Lany laufen (10-15 Minuten). Dann im Keller laufen, Leinsamen schroten, Rote Grütze kochen usw. 09.15 Aktiva essen, wegen meinem Stuhlgang, meine Knöchel schmerzen wieder sehr, wollte einen Augenblick ausruhen und Bambi im Fernsehen anschauen. Joachim setzt sich zu mir. Ich versuche, ihn für Bambi zu begeistern, aber er schnallt es überhaupt nichts. Er redet und fragt und ignoriert total, dass ich mich ein paar Minuten ausruhen wollte. Da bin ich wieder vom Sofa hoch und habe weitergearbeitet. Dann ging der Tag wie gewohnt weiter.
Nach der Mittagspause, wie immer Tee und Halma, es geht mal mehr, mal weniger, alles ist für mich anstrengend, weil er viel Zeit zum Denken braucht. Dann versuche ich, ihn, wie jeden Tag, zum Rausgehen zu bewegen. Er hat immer überhaupt keine Lust, aber wenigstens, wenn das Wetter geht 10-15 Minuten. Ich kann ihn nicht begleiten, so langsam kann ich mich nicht bewegen. Nach den Nachrichten 20.15 Uhr, geh ich noch kurz mit dem Hund raus und dann gleich wieder ins Bett. Ich würde noch gerne ab und zu ein bisschen Fernsehen, aber das endet immer mit Aufregung. Als ich eingeschlafen bin, kam Joachim noch einmal rein. Als ich wieder eingeschlafen war es schon 1030 Uhr.

25.05.2012
Joachim war heute den Tag über wieder sehr durcheinander! „Hilf mir doch! Ich weiß nichts mehr!" Dann kommt es mir manchmal hoch, wie er sich top gezeigt hat, als der medizinische Dienst von der KKH hier war. Die Frau vom Medizinischen Dienst sagt zu mir: „Was wollen Sie,

Frau Horn? Ihr Mann ist top. Er weiß alles, kann noch alles!!" Ich konnte nur weinen. Ich bin so am Ende meiner Kräfte. Nachdem ich Betablocker vom Arzt bekommen habe, geht es ein bisschen besser. Joachim vergisst nach dem Stuhlgang, sich sauber zu machen, aber er hat immer Ausreden. Ich habe sehr viel Unterhosen in der Wäsche. Anderseits wirft er Bekleidung und Schuhe weg. Wenn ich nicht zu Hause bin. Ich muss ja doch sehr viel zum Arzt. Hausarzt, Orthopäde, Augenarzt, Kardiologe. Diese Arzt-Rennerei regt mich auch auf, weil ich immer auf Kohlen sitze und schnell nach Hause muss. Leider bin ich sehr zitterig, und das Schreiben fällt mir sehr schwer.

Ich habe der Frau vom Medizinischen Dienst gesagt, dass Joachim oft hinfällt, auch vom Stuhl fällt, ich habe für mich extra einen stabilen schweren Stuhl gekauft. Er ist sehr taumelig, nur gut, dass er sich in der Wohnung überall festhalten kann. Aber er fällt immer wieder mal hin, auch draußen.

05.06.2012

„Hilf mir doch mal. Was soll ich denn anziehen?" Er vergisst immer öfter, sich zu rasieren. Obwohl es elektrisch einfach ist. Gestern Nachmittag war ich mit der Lany beim Tierarzt. Obwohl wir davon gesprochen hatte zu wem ich gehe. Als ich ging, habe ich noch mal gesagt, wohin ich gehe. Da wir die ersten waren, hat es auch nicht lang gedauert: „Gott sei Dank bist du wieder da. Wo warst du denn so lange? Bei wem?"

Seine Angst wird auch immer größer! Als ich ihn heute nach dem Mittagsschlaf ansprach: „Wann war das denn dunkel?"

„War es dunkel? Was ist mit mir? Ich weiß nichts mehr! Ich bin so durcheinander! Hilf mir doch mal!"

09.06.2012

Ich fühle mich sehr allein, jeder weiß, dass ich Joachim nicht gut alleine lassen kann. Seine Angstzustände sind für Joachim selbst schlimm. Auch sein Laufen wird immer schlimmer. Laufen kann man nicht mehr sagen. Er war immer sehr sportlich, hat Waldlauf, Trimmpfad, Gymnastik usw. gemacht. Wie lange kann er noch laufen? Wie lange kann ich noch?

Als der Medizinische Dienst im April bei uns war, hat Joachim noch einmal alle Reserven aus sich rausgeholt und gezeigt, was er kann. Er will sich nicht zum Deppen machen lassen. Wenn man ihn einen Tag erlebt, alles ist raus aus seinem Kopf. Beim Frühstück geht es los. Normal sind 2-3 Scheiben Brot. Jetzt schneidet er eine Scheibe durch und dann denkt er, dass er zwei hat.

Wenn jemand mal bei uns ist, dann erzählt Joachim Sachen, von denen ich weiß, dass sie ausgedacht sind. Er glaubt aber, dass die Geschichte wahr ist. Er kann einen Eindruck vortäuschen. Ich muss dazu sagen, dass Joachim nie lügen würde, denn ich habe nie im Leben einen ehrlicheren Menschen kennengelernt! Ich bin froh, dass ich mir im Februar 2010 noch einen kleinen Hund von „Tiere in Not" (8,5 Jahre) angeschafft habe. Nur mit Joachim zu leben, bei aller Liebe, das hält man nicht aus. Seine Mutter hatte die gleiche Krankheit, ist 94 Jahre geworden. Hatte keine Krankheit, konnte trotzdem auch vom Kopf her nicht mehr laufen. Mein Mann und ich haben sie zu Hause versorgt, aber wir waren zu zweit und jünger. Ich wollte so gerne vor Joachim sterben, aber so kann ich auch nicht beruhigt sein. Was soll aus Joachim werden?

04.06.2012

Leider werde auch ich alt. Musste heute noch mal nach Itzehoe zum Augenarzt. Bin gleich nach dem Frühstück los. Das heißt: „Messen, spritzen, Kaffee kochen, zwei Pflaumen essen, Tabletten nehmen, Müsli machen, ins Bad gehen, Tisch decken, Zeitung holen, dann frühstücken, 10 Minuten mit dem Hund und dann Auto raus und los. Da ich meistens zwischen 5 und 6 Uhr aufstehe, war ich 08.30 Uhr beim Arzt fertig. Anschließend Besorgungen machen. 08.50 Uhr denke ich: „Was ist mit dir?" Schwach und Schweißausbrüche, total unterzuckert. Ich, Traubenzucker und Schokolade gekauft, auch in mich rein, hab mich dann auch erholt und heim.

Dann Einkäufe aus dem Auto, zum Teil in Keller, zum Teil hoch in den 1. Stock. Dann paar Handgriffe in der Küche. 10.30 Uhr mit Lany, 10 Minuten im Park. Da wäre ich fast nicht mehr nach Hause gekommen. Hatte dermaßen Unterzucker, konnte fast nicht mehr laufen. Da ist mir ein schrecklicher Gedanke gekommen: „Habe ich aus Versehen, vor lauter Eile etwa zweimal gespritzt?"

28.06.2012

Sonntag am 24.9. waren wir zum letzten Mal in Dingerdonn, wo er ja im Gottesdienst flötet. Ich habe immer gesagt, so lange es irgendwie noch geht, fahr ich ihn dahin. Aber er kann jetzt nicht mehr. Es war das Einzige, was er noch konnte. Wenn er nicht mehr flötet, hat er nichts mehr. Was kann er jetzt noch tun?

Er versucht, nicht die Orientierung zu verlieren. Welchen Tag haben wir heute? Immer noch mal holt er sich den Kalender. Heute Nachmittag: „War ich schon draußen?"

„Ja, du warst bei der Sparkasse."

„Ich bin so verwirrt."

Er sagte es immer wieder: „Und hilf mir doch."

Ich steh ihm hilflos gegenüber und frage mich, was kann ich tun?

01.07.2012

Gestern, beim Tee und unserem Spiel, klagte Joachim über Schwindel. Heute, am Sonntag, in der Kirche, vorm Gottesdienst, klagte er wieder über Schwindel. Er wüsste nicht, ob er die Stunde durchhält. Ich hatte die Befürchtung, dass das Meneresche Krankheitssyndrom sich wieder bemerkbar macht. Gott sei Dank ging es noch einmal gut. Die Kirche war voll, wegen der 100 Jahr Feier. Zu Hause hatte er in der Bibel etwas nachgelesen, und abends war die Bibel weg.

04.07.2012

Heute Abend hatten wir eine Störung beim Fernsehen, und Joachim konnte um 19.00 Uhr keine Nachrichten sehen. Das war sehr schlimm. Das kann man nicht alles beschreiben. Als ich um 21.00 Uhr mit dem Hund heimkomme, liegt Joachim in seinem Zimmer auf dem Boden, war beim Ausziehen umgefallen und konnte nicht mehr alleine hochkommen. Aber Gott sei Dank war es nicht schlimm. Man muss ja wirklich froh sein, so oft, wie er hinfällt.

Schade, dass ich ihn nicht mehr zum Flöten bringen kann, da war er wenigstens mal eine Stunde beschäftigt. Als ich abends nach Joachim sehen wollte, ob er gut ins Bett gelandet war, lag er mal wieder auf dem Fußboden.

Wie man sieht, werde ich sehr vergesslich. Nehme jetzt nur eine halbe Betablocker Tablette. Es reicht ja, wenn einer von uns beiden alles vergisst.

06.07.2012

Sehr unbegreiflich. Tempo-Taschentücher liegen seit Jahr und Tag, ein größerer Vorrat, am gleichen Platz. Auf einmal sucht er verzweifelt und weiß nicht mehr, wo sie sind!

Was ich auch nicht verstehe. Warum ich oft so fertig bin? Wollte mich mal schlau machen, wo ich eventuell Hilfe bekommen kann, aber ich habe keine Zeit. Zurzeit bricht mir immer gleich Schweiß aus, muss mich oft umziehen, sogar auch in der Nacht.

14.07.2012

„Elisabeth, ich muss dir was sagen, mir ist so schwindelig, dass ich mich fast nicht fortbewegen kann!"
Man kann sich bei uns sehr gut festhalten. Trotzdem war es schwierig. Ich habe ihm dann geholfen, und er hat sich dann hingelegt. Ich würde gerne öfters etwas schreiben, wenn ich nicht so zitterig würde. Bin oft sehr deprimiert. Wie soll es weitergehen?

15.07.2012

Heute, nach dem Halmaspiel, es ging Joachim den ganzen Tag nicht gut, er machte er den Vorschlag, dass es gut wäre, wenn wir beide zugleich Schluss machen würden. Da bin ich nicht drauf eingegangen. Gestern hat mich meine Freundin aus Büsum mal wieder eingeladen. Aber ich hätte keine Ruhe, Joachim alleine zu lassen.

20.07.2012

Joachim ruft mich dringend: „Es ist mir wichtig!" Er steht in seinem Büro vorm Schreibpult.
Er fragt: „Hast du meinen Geldbeutel aufs Pult gelegt?"
Ich war es nicht.
Joachim klagt: „Mir geht es so schlecht." Er hat schlecht geschlafen. War so unruhig. Er ist so taumelig. Wenn ich sage: „Geh zum Doktor!" dann kommt ein nein.

29.07.2012

Heute früh ging es ihm wohl wirklich sehr schlecht. Morgen früh, am

Montag gleich, will er zum Doktor gehen.

Leider geht es mir auch nicht gut. Habe sehr starke Schmerzen im Fuß, war Freitag beim Orthopäden, Fußknochen! Hat mir Tabletten verschrieben. Habe auch sehr starke Rückenschmerzen. Schreiben kann ich wohl bald nicht mehr. Joachim macht dumme Sachen, auch gefährliche! Er lässt zum Beispiel Wasser in die Mikrowelle laufen.

04.08.2012

Heute Nachmittag haben drei junge Männer Joachim nach Hause gebracht. Sie haben beobachtet, wie Joachim einfach so zusammensackte. Nachdem sie ihn wieder aufgerichtet hatten, haben sie ihn gemeinsam nach Hause gebracht. Er kann nicht mehr laufen! Auch in der Wohnung klammert er sich mit beiden Händen fest.

08.10.2012

Das Erste, nach dem Aufstehen, immer einen Blick auf den Kalender, 09.30 Uhr Zahnarzt. Ich begleite ihn. Im Wartezimmer die Frage von Joachim: „Haben wir August oder September?"

„Wir sind im Oktober." Er hat große Angst, dass er die Orientierung verliert. Wenn er mehr als drei Häuser weg ist, weiß er den Weg nicht mehr. „Komm doch mal, ich kenne mich nicht mehr aus. Wie geht der Fernseher leiser?"

Mit dem Telefonhörer in der Hand.

10.10.2012

Am Abend ist eine Freundin bei uns. Der Medizinische Dienst hat angerufen, dass er morgen um 10.00 Uhr kommt. Joachim hat das Gespräch angenommen. Immer wieder die Frage: „Warum? Was soll das?"

„Ja, die wollen feststellen, ob du eine Pflegestufe brauchst."

„Was ist eine Pflegestufe? Bekomme ich da eine Plakette an die Jacke?"

07.08.2012

Nachdem ich mehrere Tage, seit Donnerstag, starke Bauchschmerzen hatte, mit Fieber zwischen 38+39°, bin ich am Dienstag früh zum Arzt. Entweder Krankenhaus oder sterben. Mit einer Einweisung bin ich dann nach Hause. Den ganzen Tag ein großes Fragezeichen. Nachmittags traf ich unsere Nachbarin mit ihren drei Hunden. Sie war dann auch bereit, meinen kleinen Hund zu nehmen. Das große Problem war Joachim. Aber, da müssen wir durch. Ich muss ja noch weiter für ihn da sein. Er sagt ja, er schafft das schon.

Ich frage telefonisch im Krankenhaus an, ob ich morgen kommen könnte, nachdem ich die Diagnose preisgab, sagte man mir, ich müsste sofort kommen.

Meinen Hundekorb zur Nachbarin rüber, und sie war gleich bereit, mich ins Krankenhaus zu fahren. Ich habe schnell meine Tasche gepackt, und mich lieb von Joachim verabschiedet. Meinen Hund Lany ins Auto und ab. Den Hund hat Liane dann anschließend zu sich genommen.

Eine halbe Stunde später ruft meine Schwiegertochter bei Joachim an und sagt ihm, dass wir übermorgen um 8 Uhr zur Einschulung von Vincent, bei denen sein können. Joachim hat zugesagt. Er wusste nicht mehr, dass ich im Krankenhaus bin. Als ich am Mittwoch endlich an meinem Bett ein Telefon hatte, konnte ich es richtig stellen.

Ich habe dann Joachim angerufen und ihm meine Telefonnummer gegeben. So konnte er mich ständig erreichen. Nur so war es möglich. Seine Frage war immer wieder: „Wo bist du? Warum? Wann kommst du wieder?"

Da ich zu Essen genug zu Hause hatte, brauchte er sich nichts zu besorgen. Aber? Wo ist der Keller mit den Konserven? Brot ist genug, immer auf Vorrat geschnitten im Tiefkühlschrank. Mit dem Telefonhörer hat er es geschafft, sich ein Mittagessen zu machen. Nach seinem Mittagsschlaf ruft er aufgeregt an: „Auf dem Küchentisch liegt eine Pizza, und ich weiß nicht, wie die da hin kommt!"

Ich sage ihm dann, dass er sie wohl selbst am Vormittag aus dem Keller mit raufgebracht hat. Da die Pizza jetzt aufgetaut war, soll man sie jetzt gleich in den Ofen schieben. Mit dem Telefon am Ohr haben wir es gemeinsam geschafft.

Mein Mann konnte alles. Er war schon immer viel allein. Aber das ist alles raus aus seinem Kopf. Und immer wieder stellt er die Fragen: „Was machst du im Krankenhaus? Wann kommst du wieder? Es geht nicht, du musst nach Hause kommen!"

Vorgestern hat Sigrid, von der Wohnung über uns, Joachim ein gutes Mittagessen gebracht. Gestern haben Joachim und ich gemeinsam, mit dem Telefon am Ohr, zwei Nackenscheiben gebraten, dazu Bratkartoffeln und rote Paprika. Eine Nackenscheibe sollte er dann heute zu Mittag essen. Gestern Nachmittag, so um 17.00 Uhr ein Anruf: „Ich weiß nichts mehr, habe ich schon Mittag gegessen? Habe ich Hunger oder nicht? Ich habe eben das halbe Schnitzel gegessen, da sind mir Zweifel gekommen. Ich weiß nicht, was los ist, ich weiß nichts mehr."

Ich beruhigte in: „Tu den Rest wieder in den Kühlschrank für morgen." Es ist für mich sehr belastend im Krankenhaus zu sein und Joachim zu Hause. Ich habe starke Rücken- Nervenschmerzen, und kann nicht ohne Schmerzmittel sein. Ich habe mit den Ärzten gesprochen. Nachdem ich nicht mehr am Tropf hänge, durfte ich nach dem ersten Frühstück nach Hause. Ich konnte im Krankenhaus auch gar nicht vom Telefon weg. Ich war 9 Tage im Krankenhaus.

„Zu Hause". Ich hatte vergessen, Joachim zu sagen, dass er mal seine

Wäsche wechseln muss. Auf jeden Fall ging der Ernst des Lebens für mich los. Habe gleich losgelegt. Leider darf ich alles Mögliche nicht essen. Ich komme mit meinem Diabetes überhaupt nicht klar. Erst hoch, dann unten. Am ersten Abend muss ich ja wieder spritzen und hatte dann sehr schlimm Unterzucker.

Aber Hauptsache, ich bin zu Hause und brauche mich nicht mehr um Joachim zu sorgen. Weil er ja auch immer wieder hinfällt, draußen und drinnen. Es ist ein Wunder, Gott sei Dank, dass er sich nicht die Knochen bricht. Als ich der Frau vom Medizinischen Dienst davon erzählte, hat sie es nicht zur Kenntnis genommen.

18.08.2012

Leider komme ich mit meinem Zucker nicht zurecht. Es ist 10.30 Uhr, und ich habe schon wieder total Unterzucker.

19.08.2012

Um 14.00 Uhr fragt Joachim mich, was wir zu Mittag gegessen haben. Als ich es ihm nicht gleich sagte, schreit er mich furchtbar an: „Welchen Tag haben wir heute?" Er versucht verzweifelt, die Kontrolle nicht zu verlieren. Er will es einfach nicht wahrhaben.

24.08.2012

Joachim sieht auf den Kalender: „30.08. Dr. Schmidt. Was ist das für ein Termin?"

28.08.2012

Heute Abend kommt Joachim ins Wohnzimmer und sagt: „Ich weiß nicht, ob ich schon zu Abend gegessen habe oder nicht." Ich stelle ihm alles hin. Nachdem ich ihm sagte, was er alles gegessen hat, ist es ihm dann wieder eingefallen. Wenn man ihn fragen würde, wann Schiller geboren ist, würde er es wissen.

Meine Freundin aus Büsum hatte mich mal wieder für ein paar Tage eingeladen. Wenn ich Joachim die Tage in die Kurzzeitpflege gebe, könnte ich beruhigt sein. Ich besorgte in Itzehoe einen Platz in einem Pflegeheim. Ich sollte ihn am Samstag abliefern. Nachdem ich mit Joachim überall rumgelaufen bin. Es war auch ein schöner Garten dabei. Er war auch einverstanden, und ich konnte mich beruhigt verabschieden.

Am anderen Tag früh packte ich alles für ein paar Tage, einschließlich meinem kleinen Hund in mein Auto. Es waren gut 70 Kilometer, aber es war Sonntag und wir waren relativ schnell dort.

Meine Freundin und ich machten einen Spaziergang in Büsum. Es war ein beliebtes Ausflugsziel an der Nordsee, und es war viel Betrieb. Da kommt eine Bekannter meiner Freundin auf uns zu und sagte zu ihr, sie solle im Krankenhaus anrufen. Wir dachten, jemand aus ihrem Kreis wäre im Krankenhaus, aber es war mein Joachim.

Ich verstaute wieder alles in mein Auto und startete die Fahrt nach Hause. Angekommen, habe ich meinen kleinen Hund zur Nachbarin gebracht und bin ins Krankenhaus gefahren. Dort meinte man, es wäre wohl der Blinddarm. Nachdem sie ihn aufgemacht hatten, war es Krebs.

Nachdem ich 9 Tage bei ihm im Zimmer war, wurde er entlassen. Ab da habe ich Joachim versorgt. Man kann sagen rund um die Uhr. Ich will nicht alles im Einzelnen aufzählen, aber er hat immer wieder gesagt: „Ich hab dich so lieb!" Etwas anderes wusste er auch nicht mehr.

So alle 4 Stunden wurde er versorgt, auch in der Nacht. Am 29. Juli in der Nacht ging ich wieder hin, um so verschiedenes zu machen und wollte ihm auch eine Morphinspritze geben, aber er schaute mich an.

Diesen Blick vergesse ich nie mehr. Man glaubt nicht, was Augen sagen können.

Liebe, Dankbarkeit und ein Wissen, dass es zu Ende geht und eine Bitte um Hilfe. Reden konnte er nicht mehr. Ich gab ihm keine Spritze mehr, aber da der Morgen graute, wollte ich den Arzt anrufen.

Als ich wieder bei ihm reinschaute, hatte er es schon geschafft. Da habe ich seinen toten Körper in die Arme genommen und fest an mich gedrückt. Mein Herz war voll Dankbarkeit, dass ich mit ihm mein Leben teilen durfte.

Der Arzt war bald da, denn er wohnte nur ein paar Häuser weiter. Kurze Zeit später wurde sein toter Körper abgeholt.

Die Erinnerung bleibt mir, die kann mir keiner nehmen. Ein paar Tage später, bei der Trauerfeier in der Kirche, hatte seine Flötengruppe in der Kirche den Gottesdienst begleitet, das war sehr schön. Kurze Zeit später wurde in einer schönen Kirche in Dithmarschen ein ganzes Konzert vom Flötenkreis aufgeführt. Es waren alles von Joachim arrangierte Stücke. Besonders in einer Kirche hörte sich ein Flötenkonzert sehr schön an.

Dritter Teil

Abbildungen

16 Jahre bei Meldorf in Dithmarschen auf einem Bauernhof als
Magd – alle 4 Wochen ein freier Sonntag

Bin wohl erwachsen in Hamburg in einem Haushalt

Wir genießen die Natur zu zweit

Unsere standesamtliche Trauung. Mein Joachim ist 40 Jahre
und ich 33 Jahre.

Zwei Jahre später: Taufe von unserem gemeinsamen Sohn.
Aber für Joachim waren auch die Mädchen gleich seine Kinder.
Er war auch der beste Vater.

Mein Kiosk am Markt in Plochingen bei Stuttgart. Eines Tages schaute eine Kundin sehr erstaunt zu dem Herren, der mich so freundlich begrüßte: es war Frank Elsner, der bekannte Moderator aus dem Fernsehen.

Eine Woche Urlaub vom Kiosk machte ich mit meinen zwei
jüngeren Kindern mit einer Fahrt mit einem Pferd und einer
bunten „Pustaschaukel" um den Neusiedler See.

Wir sind älter geworden (aber unsere Liebe nicht) und wieder
in Dithmarschen gelandet vor unserem Wintergarten.

Hier bin ich in meinem Wintergarten.

Ich im Wintergarten mit meinem Hund.

Fröhliche Feier bei Freunden. Mein Mann lacht sogar!

Für ihre Notizen